教学名师工作室建设路径和机制研究

胡晓玮　著

中国纺织出版社有限公司

内 容 提 要

本书清晰、明了地展示了名师工作室建设的过程，详细、全面地展示了教师个体与教师团队的专业化发展道路，分析了以"名师工作室"为载体的教师团队的建设，并系统性地研究了名师工作室建设的路径和机制等问题。本书如同一本工具书，为正处于名师工作室建设探索阶段的地区和学校提供了宝贵的借鉴。

图书在版编目（CIP）数据

教学名师工作室建设路径和机制研究／胡晓玮著
. --北京：中国纺织出版社有限公司，2020.9（2022.9重印）
ISBN 978-7-5180-7740-3

Ⅰ．①教… Ⅱ．①胡… Ⅲ．①师资培训—研究 Ⅳ．①G451.2

中国版本图书馆CIP数据核字（2020）第145073号

策划编辑：韩 阳 责任编辑：朱健桦
责任校对：高 涵 责任印制：储志伟

中国纺织出版社有限公司出版发行
地址：北京市朝阳区百子湾东里A407号楼 邮政编码：100124
销售电话：010—67004422 传真：010—87155801
http://www.c-textilep.com
中国纺织出版社天猫旗舰店
官方微博http://weibo.com/2119887771
北京虎彩文化传播有限公司印刷 各地新华书店经销
2020年11月第1版 2022年9月第2次印刷
开本：787×1092 1/16 印张：14.5
字数：230千字 定价：55.00元

前　言

名师，即"名望高的教师"，指的是在教育培训领域公认的有重大贡献和影响的学者、教师等。在21世纪，我们提倡优质教育，提倡教育公平，这就需要有一支德能兼顾、素质高、能力强的教师队伍，更需要一批被社会认可的名师引领。

近十几年，各地政府注重发现名师、培养名师，纷纷成立"名师工作室"，期望以名师带"徒弟"的方式，给予有潜力成为名师的一线教师各种政策支持，能够多产出名师，更快提高教师队伍整体水平，满足百姓对优质教育的需求。区域推进名师工作室（名师工作坊）等举措在当前十分流行。行政力量合力介入期望这样的教师团队建设能够助力教师专业发展；教育行政部门期望当前的教师能够从仅依靠个人的天分加热情成为"名师"，改变为更多的教师通过合作的方式，通过学（名家理论引导和名师实践指导）、做（实践中体悟、实践中成长）成为名师，并且将合作变成一种常态的教研方式。

创建名师工作室是目前教育行政部门推进教师专业发展及发挥名师辐射效应的重要举措之一，各地区都出台相关政策并推动成立一些名师工作室（工作坊）。在实际运作过程中，也都取得了不错的成效，获得了社会及学校教师的好评。然而，名师成长是否有规律，对于名师工作室是否造成"批量式"、流水线式生产"伪名师"，也存在很多质疑。因此，名师培养不仅需要理论指导，需要政策支持，更需要实践探索，不断从实践中吸取经验，从实践挫折中接受教训，从实践反思中不断改进，促进教育的发展。

如何更好地利用名师资源及推动更多教师走向名师之路，如何更有效地促进教师的专业成长，全面提升教师素质，本书就是围绕这一核心问题来展开论述的。

本书前三章主要从宏观上分析了教师个体与教师团队的专业化发展道路，为全书的主旨内容——名师工作室建设路径和机制奠基，并为后文的展开做铺垫。后四章详细分析了以"名师工作室"为载体的教师团队的建设，并系统性地研究了名师工作室建设的路径和机制等问题。

最终完成的作品虽然不算尽善尽美，但本书追求对教学名师工作室的研究尽可能系统、尽可能深入，而不是泛泛而谈。在编写本书的过程中，参考了一些优秀的文献资料，在此对这些珍贵资料的作者和提供者表示由衷的感谢！

由于作者水平有限，书中难免存在不妥之处，敬请广大读者批评指正。

著　者

2020年1月

目录

第一章　教师发展的相关研究综述

　　"教师"一词从字义上理解包含了两层含义：一是指教书育人的职业；二是指从事教书育人职业的专门人员。目前在教师发展领域的研究中主要取其后一种含义。教师发展，既包括日常生活中的发展（或称为一般性发展），也包括专业领域中的发展（或称为特殊性发展），教师发展是这两方面发展的统一。从教师发展的相关研究来看，主要集中在教师的专业发展上，因此，从某种角度而言，可以视"教师发展"为"教师专业发展"。

　　"教师专业发展"是一个众说纷纭的概念，至今尚没有一个被广泛认同的界定。从国外已有的文献来看，主要包含以下几种概念界定：①"教师专业发展是指在教学职业生涯的每一阶段教师掌握良好专业实践所必备的知识和技能的过程"（Hoyle，1980）。②"教师发展即教师由于经验增加和对其教学系统审视而获得的专业成长"（Little, 1992）。③"教师专业发展既指通过在职培训或职员培训而获得的特定方面的发展，也指教师在目标意识、教学技能及与同事合作能力方面的更全面的进步"（Fullan & Hargreaves, 1992）。④"教师专业发展就其中性意义上来说，意味着教师个人在专业生活中的成长，包括信心的增强、技能的提高、对所任教学科知识的不断更新拓展和深化以及对自己在课堂上为何这样做的原因意识的强化；就其最积极意义上来说，它包含着更多的内容，它意味着教师已经成长为一个超出技能的范围而有艺术化的表现，成为一个把工作提升为专业的人，把专业知识转化为权威的人"（Parry,1990）。⑤"教师发展的本质是发展的自主性，它是教师不断超越自我的过程，更是教师作为主体自觉、主动、能动、可持续的建构过程"（Bullough,1993）。我国学者对教师发展（或教师专业发展）概念的界定主要有：①"教师专业发展乃是教师为提升专业水准与专业表现而经自我抉择所进行的各项活动与学习的历程，以其促进专业成长，改进教学效果，提高学习效能"（罗清水，1998）。②"教师专业发展就是教师的专业成长或教师内在专业结构不断更新、演进和丰富的过程"（叶澜，2001）。③"教师发展，指的是作为社会职业人的教师从接受师范教育的学生，到初任教师，到有经验的教师，到实践教育家的持续过程。教师发展的中心是教师的专业成长。这种专业成长是一个终身学习过程，是一个不断解决问题的过程，是一个教师的职业理想、职业道德、职业情感、社会责任感不断成熟、不断提升、不断创新的过程"（王长纯，2001）。④"教师专业发展是指教师在整个专业生涯中，依托专业组织，通过终身专业训练，习得教育专业知识技能，实施专业自主，表现专业道德，并逐步提高自身从教素质，成为一个良好的教育专业工作者的专业成长过程"（刘捷，2002）。⑤"教师专业发展不仅指教师专业规范化和教师专业自主权，更重要的是关注教师个体的专业自主发展以及教师得以安身立命的条件保障"（陈向明，2003）。⑥"教师专业发展是指以教师专业自觉意识为动力，以教师教育为主要辅助途径，教师的专业知识素质和信念系统不断完善、提升的动态发展过程"（刘万海，2003）。⑦"教师发展是以教师职业为依托，以教师专业知识和专业素养为内涵，并将教育教学融入社会、家庭和学生的共同发展之中，获得教师个人发展与社会发展、教师发展与学生发展的统一"（谭咏梅，2005）。

自联合国教科文组织在《关于教师地位的建议》中提出应把教学工作视为一种专门职业以来，教师发展已成为当代世界教育改革中的核心议题，关于教师发展的研究也逐渐成为教师教育研究中一个专门而富有生机的研究领域。从教师发展的已有研究来看，其基本脉络和研究趋向主要集中在以下四个方面：一是有关教师发展构成的研究；二是有关教师发展阶段的

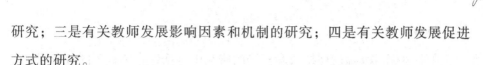

研究；三是有关教师发展影响因素和机制的研究；四是有关教师发展促进方式的研究。

第一节　教师发展的构成与标准

在以往的研究中，学者们主要是从教师的职业品质和素质的角度来阐述教师发展的构成和标准的，并提出了不同的见解：①联合国教科文组织认为，"教师素质构成的基本要求应包含三个方面：人文与科学素养知识、社会学知识、教育理论知识"（1995）。②"教师发展的构成包含了两方面的素质：一是教师个体素质，它由思想品德素质、知识素质、能力素质、心理素质、身体素质等要素构成；二是教师群体素质，它由教师的学科群结构、学历结构、职称结构、学院结构、年龄结构、能级梯队结构等要素构成"（黎琳，1998）。③"教师素质和职业品质由职业理想、知识水平、教育观念、教学监控能力、教学行为与策略等五个方面组成。其中，职业理想是教师献身教育工作的根本动力，知识水平是教师从事教育工作的前提条件，教育观念是教师从事教育工作的心理背景，教学监控能力是教师从事教育教学活动的核心要素和调控机制，而教学行为则是教师素质的外化形式。"（林崇德，1998）④"教师发展主要由品德、教育观念、知识和能力结构、心理素质等要素构成。"（刘学华，2001）⑤"教师的职业素养包括：与时代精神相通的教育理念、知识结构（当代科学与人文的基本知识、学科知识等）和能力结构（理解他人和与他人交往的能力、管理能力及教育研究能力等）三个方面。"（叶澜，2001）⑥"教师职业品质的构成包含了教育信念、知识、能力、专业态度和动机、自我专业发展需要和意识。"（白益民，2001）⑦"教师发展应当包含两个方面：一是教师发展既包括教师个体发展也包括教师群体发展；二是教师发展既包括教师职业发展也包括教师社会价值发展。（唐松

3

林，2004）

在上述探讨教师发展构成和标准的研究中可见，除了教师的教育观念、知识结构和能力以外，对于教师职业素养和品质的构成正越来越趋向于对教师自主发展意识和自我反思能力的关注，教师的自我效能感、自我监控和教育实践智慧正越来越成为衡量教师发展的重要指标。

第二节　教师发展的阶段与过程

教师的专业发展和成熟是一个长期的过程，需要经历一系列的发展阶段。在以往的研究中，有学者从不同的发展角度，以不同的单位作为参数和分析常模，描述并提出了专业发展的阶段理论。其中比较有代表性的有：①美国学者富勒（Fuller）提出的教师关注的四阶段发展模式，即教学前关注（pre-teaching concerns）、早期生存关注（earlyconcerns about survival）、教学情景关注（teaching situations concerns）、对学生的关注（concerns about students）。②美国学者凯兹（Katz）归纳的教师发展的四个阶段：求生存时期（survival）、巩固时期（consolidation）、更新时期（renewal）、成熟时期（maturity）（Katz,1975）和伯顿（Burden）归纳的三个阶段：求生存阶段（survival stage）、调整阶段（adjustment stage）、成熟阶段（mature stage）（Burden，1979）。③美国学者纽曼（Newman）、费斯勒（Fessler）、斯德菲（Steffy）、休伯曼（Huoerman,M.）等从人的生命自然老化过程和周期来研究教师的职业发展，提出了教师生涯循环发展理论。其中，纽曼把教师的专业发展分为三个阶段：20~40岁的定位和承诺阶段、40~55岁的高度士气和责任阶段、55岁后的丧失精力阶段（Newman,1980）；费斯勒将教师的生涯发展归为八个阶段：职前教育阶段（pre-service）、引导阶段（induction）、能力建立阶段（competency building）、热心和成长阶段（enthusiastic and growing）、生涯挫折阶段（career frustration）、稳定和停滞阶段（stable and stagnant）、生涯低落阶段（career wind down）、生涯退出阶段（career re-exit）（Fessler, 1984）；斯德菲将教师的发展划分为五个阶段：预备生涯阶段、专家生涯阶段、退缩生涯阶段、更新生涯阶段、退出生涯阶段；休伯曼则根据职业的"老化"过程，将教师的专业发展过程分为五个阶段：任教 1~3 年的入职期、任教 4~6 年的稳定期、任教 7~18 年的歧变期、任教 19~30 年的保守期、任教 31~40 年的准备退休期（Huberman, 1989）。④20 世纪 90 年代，舒尔（Shuell）、伯林纳（C. Berliner）等从知识、经验和技能的角度出发来描述和概括教师的专业发展阶段与过程：舒尔将教师的专业发展分为三个阶段：新手阶段、中间阶段、高水平阶段（Shuell, 1990）；伯林纳提出教师发展的五个阶段：新手（novice）、进步的新手（advanced beginner）、胜任（competent）、能手（proficient）、专家（expert）（Berliner, 1992）；利斯伍德则从教师心理发展的成熟和完善过程出发，把教师自我发展、道德发展和概念发展等方面加以综合，提出了教师发展的四个阶段：单纯时期、墨守成规时期、尽心尽职时期、独立时期（Leithwood,1992）；饶见维将教师专业发展概括为探索期、奠基期、适应期、发奋期、创新期和统整期（饶见维，1996）。⑤我国台湾学者王秋绒将教师的专业发展视为专业社会化发展的历程，把这一历程概括为三个阶段，每个阶段又包含三个时期：首先是师范生的专业社会化阶段，这一阶段可以分为探索适应期、稳定成长期和成熟发展期；其次是实习教师的专业社会化阶段，这一阶段可以分为蜜月期、危机期和动荡期；最后是专业教师的专业社会化阶段，这一阶段可以分为新生期、平淡期和厌倦期（王秋绒，1991）。⑥白益民把教师的自我专业发展意识作为影响教师专业发展的重要因素和内在动力，以教师的"自我更新"为取向，将教师的专业发展分为五个阶段："非关注"阶段、"虚拟关注"阶段、"生存关注"阶段、"任务关注"阶段、"自我更新关注"阶段（白益民，2000）。

从以上按照时间顺序梳理的各种有关教师专业发展阶段理论中可以看到，

不同的理论有着各自不同的视角和侧重，但它们之间既有不同，也有相同。概括来说，关于教师专业发展的阶段和过程，比较集中反映出的研究视角和取向主要有以下四种：①强调教师专业发展的心理发展路向。如早期富勒（Fuller）、凯兹（Katz）和伯顿（Burden）等人的研究，后期利斯伍德（Leithwood）、饶见维等的研究都从教师专业成长的内在因素和心理发展的角度出发，把教师的专业成熟或专业化作为教师专业发展的最高阶段；②强调教师专业发展的生物、年龄发展路向。如纽曼（Newman）、费斯勒（Fessler）、斯德菲（Steffy）、休伯曼（Huberman）等的研究都采用生涯发展或时间序列的思路，将年龄作为主要参数和常模来划分教师专业发展的不同阶段，强调教师职业特点随着时间而发展变化的过程；③强调教师专业发展的社会化发展路向。如王秋绒的研究根据社会化理论的分析模式，强调外在因素对教师专业发展的影响，考察教师参与各项教育教学活动、教师个人与学校环境所产生的相互作用以及专业社会化发展的历程；④强调教师专业发展的"自我更新"路向。如白益民把教师的自我专业发展意识作为考察教师专业发展的综合指标，以教师内在专业结构的更新和改进为核心展开研究，使得教师专业发展的路径和阶段研究呈现出动态化、多样化的态势。

第三节　教师发展的影响因素和机制

教师发展是与教师的职业生活密切联系在一起的，贯穿个人职业生涯的一个持续不断的动态过程。对影响教师专业发展因素的探讨是促进教师专业发展的重要前提和依据。对此，学者们主要从内部和外部两方面的影响因素展开分析：有研究者认为，影响教师专业发展的内部因素主要是指教师的自我完善，它源于教师自我角色愿望、需要及实践和追求，具体表现为教师专业心理、知识观、知识管理能力等因素，外部影响因素则是客观需要的，它源于社会进步和教育发展对教师角色与行为改善的规范、要求和期望，主要表现在教育经济制度、政策法规、上级领导态度、教师间的合作关系等因素（赵苗苗，2008）；另有研究者认为教师专业发展的外在因素主要包括社会环境、工作环境、教育教学实践中的特定事件等，内在因素主要包括职业精神和职业理想、自主意识和自主能力等（吴捷，2004）；也有研究者认为，影响教师发展的因素可以概括为社会因素，主要包括教师的社会地位、职业吸引力、教师资格制度、教师评价与培训制度等；学校因素，主要包括校长的引领、合作性教师文化的激励、民主管理制度的保障等；个人家庭因素，主要包括家庭文化、家庭结构和个人生活经历等以及个人专业发展结构因素，主要包括教育信息、知识结构、能力素养、从业动机与态度、专业发展需要与意识等四个方面（刘洁，2004）；韩淑萍从教师发展的职业专业化内涵和实现机制两方面出发，指出影响教师专业发展的因素包括了个人因素（教师的需求、教师生活与专业发展的关联、教师自身的专业发展意识和能力等）、实践因素（不同的实践方式影响教师的专业发展，教师采用何种方式进行教育教学实践，直接决定了其专业成长的进程和速度）、环境因素（宏观层面上的社会、文化因素，微观层面上的学校、管理等因素）、制度因素（包括教师教育制度、教师管理制度等）、课程因素（课程可以被视为一种"综合因素"，因为课程改革既影响教师的教育观念，也改变了教师的实践方式，更赋予了教师自主发展的权利，同时也创设了其自由发展的制度和文化环境）（韩淑萍，2009）。

关于教师发展的机制，有研究从不同的角度进行过探讨。有学者认为教师自我效能感是教师自主发展的重要内在机制。教师自我效能感是教师对教育价值、对自己做好教育工作与积极影响儿童发展的教育能力的自我判断、信念与感受。教师自我效能感在教师自主发展中的重要价值与作用具体表现在：教师自我效能感是教师增强专业承诺的重要内驱力、是教师产生自主工作动机的内在原动力、是影响教师教育行为和教育有效性的重要中介、是教师身心健康、个人幸福的重要影响源（庞丽娟、洪秀敏，2005）；也有研究从教师的课堂专业活动角度来探讨教师专业发展的动力和机制，认为教师专业发展的动力来源有三个方面：一是教师在日常专业生活中所遇到的必须解决的问题或者关键情境；二是在自我专业发展意识引导下教师自身对专业发展的主观追求；三是外界的各种对教师教育的支持。这些动力对教师专业发展的影响力度还取决于教师自身的反思——反思的指向及反思的深度，取决于教师的自我专业发展意识（叶澜、白益民，2001）。

从上述有关教师发展的影响因素和机制的相关研究可见，以往的研究虽然从不同的研究视角出发，但都充分一致地肯定了教师专业发展影响因素是多方面的，教师发展是内外多种因素综合作用的结果，创造外部条件和内部激励动力是真正实现教师专业发展的重要保障。首先，教师专业发展影响因素研究的内容在不断拓展和深化，前期研究更多是伴随在教师专业发展标准和教师发展阶段的讨论中，后期逐渐独立为一个明确的研究域，并且通过宏观、微观层面的剖析，结合教师发展专业内涵、过程阶段、实现机制等对影响因素和机制展开了综合的理性阐析；其次，在教师发展影响因素和机制研究的方法上，理论阐释多，实证研究少；探究普遍规律的定性研究多，关注教师发展的整体性、情境性和连续性的质性研究少；在理论探究上，静止的演绎、横向的比较、"应然"的阐释要多于动态的呈现、纵向的连续和"实然"的观察。相对而言，关注教师发展的个体性、连续性、情境性、复杂性的个案研究、叙事研究、行动研究、生活史分析等相对匮乏。

第四节　促进教师发展的途径

关于教师专业发展途径的研究路向和视角主要包括：①职业培训——关注教育技能：由于教师专业成长是一个长期的发展过程，需要经历一系列的

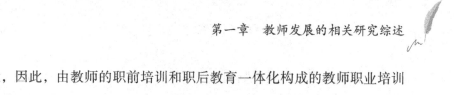

发展阶段，因此，由教师的职前培训和职后教育一体化构成的教师职业培训成了促进教师专业成长的主要途径。这一视角的基本观点是：教师如果能够在职前或职后培训中充分获得胜任职业所需要的基本知识技能和经验的话，就能经历一个由不成熟到相对成熟的专业人员的发展历程。这样的培训是以教师的基本知识和技能的获得为关注点，相信通过外部作用（无论是职前的系统学习还是职后的脱产进修、专题讲座或学历教育等）可以使教师完成从新手—熟练新手—胜任—能手—专家型教师的发展过程。②校本培训——关注教育现场：所谓"校本培训"，按照欧洲教师教育协会1989年的界定，指的是源于学校课程和整体规划的需要，由学校发起组织，旨在满足个体教师的工作需求的校内培训活动。这种培训理念和方式的特点首先表现在培训内容具有针对性，注重应用性，关注的是教育实践能力以及发生在教育实践情境中的问题。其次，培训形式灵活而多样。既有根植于教育教学现场、注重问题解决的专题研讨、案例分析、经验交流，也有与高校或教育科研部门合作的课题研究。在培训的组织与实施上也能体现出不同类型和不同方式。近年来，我国有关"校本培训"的理论探讨和实践研究也相当广泛，仅从中国学术期刊网的检索就发现有1000多篇相关文章，其中课题和调查报告有270多篇，主要涉及"校本培训"的基本理论、背景现状、实施过程、构成要素、发展阶段、运行机制、效果评价等方面，形成了以"校本培训"实施中的问题与对策研究为重点的研究趋向，但此类研究无论从内容的引介到实践的探索，还是从概念的把握到实施的思路等，尚缺乏更有针对性且更关注特殊性的深入研究与剖析。③教师专业发展学校——关注发展的持续性：教师专业发展学校（Professional Development School，简称PDS）是以中小学为基地，与大学或教师培训机构建立合作伙伴关系，共同培养新教师，鼓励教师在职进修，开展合作研究，以达到共同发展的目的，它是一种全新的师资培养和专业成长模式，是融教师职前培养、在职进修和学校改革为一体的学校形式。PDS这一概念自1986年由美国的霍姆斯小组在《明天的教师》的报告中被提出以来，迅速影响到欧美和世界其他各国，成为教师教育改革的一大趋势。从我国的情况来看，通过对已有研究资料的检索发现，从理念的借鉴到实践的尝试，PDS 在我国的部分省市（如北京、上海、安徽、四川、山东、广州等）也开始设置，其中较为有名的有北京丰台区 5 所中小学以及上海市实验学校建立的 PDS 等。我国的 PDS 与美国相比，其功能上的相同之处在于都非常强调 PDS 对教师专业发展的促进作用，重视大学或科研机构与中小学的合作；但不同之处在于较国外的 PDS 而言，我国的 PDS 相对弱化了专业发展学校在教师培养上的职前—入职—在职的一体化功能，尤其是 PDS 在职前教师教育上的功能。从实践来看，我国的 PDS 基本上处于概念层面上的操作，缺乏管理层面上的运作，尤其是在 PDS 的组织保障、资源配置、联络协调、成效评估等方面都缺乏进一步的探究与改革，而针对 PDS 展开的相关研究也比较缺乏，有待加强。④教育知识管理——关注创新和共享：随着 21 世纪信息化时代的到来，在管理学领域出现的知识管理概念也被引入教育领域，并成为促进教师专业发展的新视角。知识管理理论认为，富有个性化的隐性知识更具有创新性，而且显性知识和隐性知识是可以相互转换、相互促进的。其中，有学者将知识管理更多地转向于关注教师的"个人实践知识"（personal practical knowledge）（Gooclsorl，1994; Clandinin,1991;Butt,1991），由此，建立以共同愿景维系的"学习型组织"成为促进教师自我专业发展的主动意识和追求有效的教育知识管理的重要策略。布罗德海德指出，教师应更多地进行同事间的专业经验分享与互动，它能使教师感知到自己的专业声音，能激励教师提升专业意识，在交流与共享中对自己的教育活动进行反思与批判（Broadhead，1995）；盖尔文认为，"学习型组织"是促使组织内人员提升学习能力的最大利益组织，它能帮助教师达成个人的、社会的和专业的三方面发展（Garvin, 1998）。在我国，教育知识管理作为促进教师专业发展的一种新视角和途径也得到了学者们的支持和提倡（姜勇，2004；王继新，2005），他们呼吁通过学习型组织的建立，网络资源库、知识地图以及

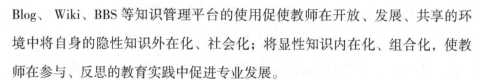

Blog、Wiki、BBS 等知识管理平台的使用促使教师在开放、发展、共享的环境中将自身的隐性知识外在化、社会化；将显性知识内在化、组合化，使教师在参与、反思的教育实践中促进专业发展。

综上所述，从促进教师发展途径的已有研究来看，虽视角各有不同，但都存在一定的局限性：①关注教师职业技能和素质为主的外控式培训，是以客观主义为价值取向的，视教师的专业发展为可以按照一定标准和规则活动的机械结构，其逻辑假设就是一旦一个人能够达到教师的规范标准，便可以一劳永逸；它把教师培训固定在教育学领域中，忽视了教师发展中的实践以及文化生态和环境的因素，尤其是对处于不同文化和地区差异下的城乡教师之间，统一标准的发展途径不仅脱离了农村教育的实际，也会造成农村教师在实现标准中的被动和过重负担。②关注教育实践和教师的反思、以内控为主的校本培训，是以建构主义为价值取向的，强调教师的专业发展更依赖于教师自我的实践反思与建构，它与关注教育技能的、外控的教师职业培训相比，在培训时间、培训内容和培训形式上更具有灵活性，能够为教师提供个别化的培训方案。它是教师的一种在岗位培训、在工作中学习的有益模式，有助于解决"工学"矛盾，为教师的持续性专业发展提供良好的外部环境和动力支持系统，有助于提高教师培训的针对性和实效性。但是，作为促进教师专业发展的一种途径，"校本培训"的实施也有其自身的局限性，表现在这种培训的理论假设是认为城市和农村的教师可能在同样的环境条件作用下获得同等的发展，而事实上对于地处偏僻、信息闭塞、发展环境不够理想的农村学校来说，教师对于现代科学知识与技术的忽视、专业学科知识的匮乏以及农村文化环境的制约和资源条件的不足等都会影响到"校本培训"的质量，从而使农村教师的专业发展陷入低水平的循环之中。③关注合作和教师持续性发展，内外控一体的教师专业发展学校（PDS），是以终身教育思想为价值取向的，预示着教师教育由学校教育制度向终身教育制度的转变，它与"校本培训"在促进教师专业发展的本质上是相同的，它们都有助于解决教育理论与实践脱节、在职进修流于形式、教师主体意识缺失等问题；但二者在规范性、系统性和立足点上略有不同，教师专业发展学校更能解决职前教育与在职培训分离、毕业实习实践性不强等问题，实现从两级分离（职前、职后）走向三环合一（职前培养、入职教育、职后提高），使教师培训和教师专业成长成为贯穿教师终生职业的社会化过程。但是，由于此种途径的实现是依赖于政府、大学、教师教育机构、中小学（幼）、教师个体等共同参与和各司其职、协同配合的过程，对于各组织之间的协调、运作机制、保障措施等都提出了很高的要求，在我国现有的政治经济条件、教育体制下实现此种培训模式存在着一定的困难，而且农村和城市教师拥有教育资源的不对称有可能使得农村的教育和农村教师的专业发展始终落后于城市。④关注创新和共享，促进教师知识管理的教师专业发展途径，是以教师的自我更新为价值取向的，通过建立学习型组织、网络资源共享等，加强教师在教育实践中自觉地进行教学反思、归纳概括和自我更新，并以此作用于教师的专业成长过程。然而，这种声音目前也仅限于一种理念层面上的讨论，缺乏深入教育实践的具体研究与运用，尤其是对于如何通过有效的教育知识管理策略实现教师专业发展、如何创设有助于教师专业成长的知识管理平台以及其可行性、有效性等，都有待于进一步深入研究和论证。

综观已有的研究可见，在对教师专业发展构成的认识、教师专业发展影响因素的剖析以及教师专业发展途径的研究等方面已取得了一些有价值的发现和成果，并为丰富教师专业发展和教师培训的相关理论以及教育实践的指导提供了有力的基础和依据。但同时，我们也发现，这些研究较多局限在教育学的研究视野下：有关教师专业发展内涵的研究旨在关注教师专业的哪些方面在发生变化，而教师的专业发展不仅仅是可观察到的现象的变化，更是教师内在的质的变化，对这种变化和发展过程的探寻也离不开外部环境，正如德国心理学家斯滕所认为的，"人"的每一行动和反应，每一暂时的和永久的特性都可以解释为一个"内在"倾向和"外在"因素的产物，人的发展是人的内在倾向性与外在条件的相互作用的结果。因此，对教师发展问题的探询也不能仅仅从教育学、心理学的视角出发去寻找解决的方法和途径，还应当从社会学、文化学、经济学等视角出发，解析教师专业发展的本质与规律。有关教师专业发展阶段和途径的研究意在探寻教师专业成长的历程以及促进其历程的有效途径，但实际上"教师的专业发展是一个既无逻辑起点也无逻辑终点的不断发展连续体"，无论从历史还是现实的角度来看，伴随着该连续体的所有活动，无不受制于当下的社会文化、经济发展等多种因素。因此，研究促进教师发展的有效途径也需要突破传统的教育学思维局限，将教师与所处的不同文化和经济社会发展环境相联系，从教师群体的特殊性、异质性出发，从文化学、社会学、经济学、管理学等多重视角出发展开研究。

第二章　建设学习型教师团队

第一节　教师团队的形成与发展

一、教师团队的形成

（一）教师群落与教师团队

1. 群落与团队

群落自发形成的同时，又隐于学校之中，是教师之间的情感纽带、学校氛围的调节器，也是团队形成的基础，但并不是所有的群落都能发展为团队。

所谓教师团队，是指在学校教育行政过程中由不同身份、专业素养的教师，基于某些特定目标和任务所构成的相对稳定的研究工作团体，一般由一位或数位专业素养较高的教师为核心，以及若干参与教师所构成。教师团队常常是以一定的教学或科研任务为导向，以共同的目标、有效的交流与合作为前提，以分工协作、责任共担为保障。一支优秀的教师团队应该拥有先进的学校文化、和谐的人际关系、合理的人员结构、科学的评价手段和有效的激励措施。

与自发的教师群落不同，团队是学校发起或推动的教师团体。群落在学校隐性存在，组织人员具有不稳定和可变的特点；团队在学校中显性存在，组织人员相对稳定。从价值取向而言，前者是多元的，群落中人们共同关注的话题与活动会择机而变化；后者则有明确的价值导向，有共同指向的任务与目标，有分工与合作的运作方式，而且是学校组织架构中的重要组成部分，承担了学校教育、教学、科研和管理等方面的工作。显然，教师团队对教师个体发展的作用是不可忽视的，可以说从青年教师的培养到中年教师的成名，再到高端教师的养成，都离不开教师团队的重要影响。

美国学者乔恩·卡曾巴赫在其著作《团队的智慧》中对"团队"进行如下定义：教师团队是由少数具有互补性技能的人组成，他们具有共同的目标，有明确的角色与任务分派，不仅共享信息，并且互相支援和帮助，团队的效能大于个体的总和。由此可见，教师团队不是一个简单的组织形态，而是"教师们开展学习的组织载体"。在教师团队中，教师彼此之间相互影响、相互合作，在教学行为上具有共同目标、共同规范。因此，它是介于学校和教师个人之间的人群结合体。

2. 团队的类型

早期关于团队类型的研究并不多，近年来学者才开始关注团队的类型问题。例如，有学者根据企业特点把团队分为建议参谋团队、生产服务团队、项目发展团队、行动谈判团队等；也有学者总结了大量文献，将团队划分为工作团队（work team）、并行团队（parallel team）、项目团队（project team）和管理团队（management team）四种类型。据此，我们把教师团队划分为：

（1）工作团队（专业团队）。就企业而言，工作团队就是为完成产品和提供服务，由稳定的成员组成的长期的组织单元，一般由上级领导规定其成员组成和确定工作任务。在学校，工作团队就是为完成教育教学任务而组建的，如年级组团队，就是为完成一个年级的整体性的教育教学任务而建的。年级组团队成员相对稳定，而且任务明确。同样，学校中的班主任团队，也是学校经过慎重挑选组建的工作团队。又如备课组团队，是由学科教研组根据教师的性格特征、年龄结构、业务能力等要素而组建的团队，并由教研组和年级组领导，承担该年级的学科教学任务。随着学校教育的发展需要，新的任务需要组建新的教师团队。比如，为适应上海国际大都市的教育发展需求，华东师大二附中经上海市教委批准建立国际部，招收外籍学生。因此，国际部的教师团队成为一支专门承担外籍学生教学的教师团队。由于学校的教育教学工作具有专业性特征，所以工作团队也称之为"专业团队"。

（2）并行团队（特色团队）。在企业管理中，有时要从不同部门和岗位抽调工作人员完成正常组织之外的任务，这种团队与正常的组织结构并存，被称为并行团队。并行团队是为了解决问题，或者为了促成有针对性的专门活动而组建的。在学校中同样存在这样的情况，华东师大二附中组建的社团指导教师团队，就是由不同教研组、不同部门中抽调出有特长的教师所组成的团队。例如，晨晖党章学习社团的指导教师，是由学校一批党性强、人生经历丰富、理论修养较深的党员教师所构成的；而奥赛指导教师团队和科技创新指导团队，其成员来自学校各个年级组和教研组。这些团队长期存在于二附中的教育教学活动中，不隶属于任何一个年级组或教研组。并行团队之间相互独立，承担着有特色的任务，所以也称之为"特色团队"。

（3）专项团队（项目团队）。专项就是专门的项目，属于企业管理中的项目概念，往往是在一定时限内制造出一次性的"产品"，这个任务一般是非重复性的，并且需要不同部门的专业人士合作才能完成，当项目完成后团队成员又返回各自的岗位。在学校的发展过程中，特别是在学校教育创新的探索中，越来越多地出现很多的项目。例如，华东师大二附中曾经组建过课程建设团队，在校本课程建设的初期，这个团队经常性地开展各种形式的研讨，对校本课程的体例结构进行分析，最终完成了第一批近百门的课程建设。当校本课程的开发完成后，这个团队也随之解散。又如在校庆活动之前抽调人员组成专门的校庆筹备团队，中考招生时会抽调人员组成招生团队，在初三、高三毕业时组成的毕业工作小组团队，这些都是专项团队，当完成既定任务时，团队也随之解散。

（4）领导团队（管理团队）。不管是企业还是学校，管理团队都是必要的。管理团队对本单位和本部门的工作总体绩效负责，它的权威来自成员的行政等级差别。但学校的管理团队明显呈现出扁平化的特征，使得管理团队的行政层级不明显。学校的校级领导班子（包括校长、书记、副校长、副书记以及工会主席）一般由上级主管部门在征集广大教师意见的基础上任命，他们的行政权力和责任是由有关条例规定的。在校级领导班子团队中，各位领导都有分工，但在实际工作中需要合作。学校中还有中层领导班子的团队，其机构设置可以由学校自行规定。一般而言，学校中有教务处、学生处、总务处和校务办公室，各处室的主任和副主任按照现定的程序产生。随着学校教育的不断发展，学校的中层机构设置发生了较大变化，例如不少学校设置了"课程教学部""学生指导部""人力资源部""后勤保障部""国际交流部"等，这反映了学校职能的变化。

学校管理团队的权威更多的是来自对教育的前瞻性指导与对学生未来负责的强烈使命感。如华东师大二附中的历届领导团队，在近60年的办学历程中引领二附中走入全国一流名校行列，并且正向国际一流名校迈进。学校的发展与领导班子团队强烈的使命感、前瞻性的战略目标、高超的管理能力以及和广大教师的沟通协调水平等，有着直接的关系。学校的管理团队是确保一个学校有效运行的必要保障，其组织架构是稳定的，人员也是相对固定的。

3.教师团队形成标志

虽然学校会因为工作的需要而组建各类型的教师团队，但是，是否真正具备了团队的特征呢？教师中的群落，能否发展为一个团队呢？这都需要我们对团队形成的基本特征有所了解。一个真正意义上的教师团队具有如下基本特征：

（1）团队的核心。一个教师团队必须要有领导核心。作为领导核心的教师要具备团队领导人的素质，如教育教学能力突出，有一定的教育研究能力，有较高的领导协调能力，有人格魅力和奉献精神，在教师团队中有凝聚力和一定的威信，并能够引领团队发展方向、确立团队成员分工、协调团队成员之间的关系、完成团队承担的任务。团队领导核心也是逐渐成长起来的，而学校则要关注有领导潜能的优秀教师，创设条件让这些教师获得机会，展示和提高其领导才能。华东师大二附中首创首席教师负责制，首席教师实际上就是某一学科的教师团队的领导核心。首席教师制就是充分授权他们引领本教研组的整体发展和青年教师的培养成长。华东师大二附中的奥赛指导教师团队和科技指导教师团队指导学生在国际和国内竞赛中屡获奖牌、硕果累累，还有多个教研组被评为市级或区级的优秀教研组，这些团队的成果都与其中一位或者几位团队核心教师发挥的重要作用分不开。

（2）明确的任务。群落与团队最大的不同在于，群落没有任务指向，而团队有明确的共同的任务。共同的任务可以是行政指定的，也可以是团队自主提出的。对教师团队而言，长期的任务就是要完成"教书育人"这一根本任务；短期的任务则多由上级部门制定，或根据自身情况制定符合本团队发展需求的任务体系。如华东师大二附中的奥赛指导团队，虽然他们各自负责不同的学科和年级，但是为了培养理科特长的学生，不同学科的指导教师又常常跨学科地共同合作做好学生的思想工作，也需要跨年级地指导学生。正是这种对共同任务的理解使得他们之间合作紧密，在奥赛领域屡创佳绩，使理科特长的学生能够脱颖而出。

（3）合理的分工。之所以需要团队的存在，是因为学校的工作任务往往不能由一个人承担，而必须组建一个团队来完成。然而团队合作完成任务的效率如何，取决于团队成员是否具有合理的分工。合理的分工可以让每个团队成员既能发挥所长，又能弥补所短。团队成员必须明白各自工作的重点，并具有顺畅的沟通。英国教授贝尔宾（Belbin）在其《团队管理：成败启示录》

一书中，提出了团队角色理论。他认为一支结构合理的团队应该拥有九个团队角色，即鞭策者、执行者、完成者、外交家、协调者、凝聚者、智多星、审议者和专家，这九个团队角色在团队中既互为补充又同等重要。

没有完美的个人，但有完美的团队。每个管理者的首要职责，就是实现团队成果的最大化。在华东师大二附中，每个年级组都会有几位这样的教师：他们熟知二附中的历史，对二附中的教育教学有自己的认知，视二附中的发展为自己的事业，而且敢于发表自己的见解；他们是年级组团队的鞭策者，同时又是年级组诸多事宜的审议者、协调者；他们的建议通常可以使年级组的工作顺利进行。在年级组也会有一些朝气蓬勃的年轻教师，他们以对教育的热忱完成年级组布置的各项任务，而各年级组中的首席教师和特级教师扮演了专家和智多星的角色，年级组长和班主任则是这个团队的凝聚者和执行者。如此分工，又经过磨合，一个优秀的教师团队便在二附中形成了。

（4）稳定的组织架构。与群落相比，团队有组织架构，根据任务不同，可以将其大致划分为金字塔型和扁平型。教师团队的结构形态大多是扁平型，可以说是通过营造弥漫于整个团队的合作气氛，充分发挥每个人的创造性思维能力而建立起来的一种有机的、高度柔性的、符合人性的、可持续发展的组织架构。二附中的学生党建工作团队，虽然不是一个行政管理性的团队，但依然具有稳定的组织架构，即以党委书记作为团队领导，以一批老党员教师为核心，团聚了各个年级组的党员教师分工合作，坚持数十年为高中新生开设党课，建立晨晖社团，组织考察活动，开展社会调查，发展了一批政治思想好、品学兼优的学生党员，成为一支有战斗力的党建团队。

（5）相互关心的成员。团队成员之间是通过分工合作、共同完成任务，从而获得共同发展的，是利益共同体，成员之间必然需要互相关心。没有团结精神的团队是无法前行的。一支团队若要成功，其团队成员必须清楚，他们需要互相关怀。当团队成员只顾自己不顾他人时，团队整体就要为此付出代价，而相互关心的团队，也容易培养默契。二附中教务处团队，虽然有各

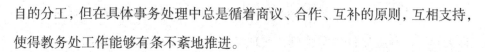

自的分工，但在具体事务处理中总是循着商议、合作、互补的原则，互相支持，使得教务处工作能够有条不紊地推进。

当一个群体出现了上述特征时，我们可判断教师团队开始形成了。我们需要关注上述五个要素发展是否均衡，要根据具体情况适时调整，使得团队凝聚力尽快形成，从而发挥出团队的力量。

（二）教师团队取向

教师团队形成的根本因素是团队应该具有共同任务。在完成任务的过程中，每个成员都会面临个体与团队价值取向的冲突，如果个体取向逐渐趋同，团队的价值取向也就逐渐形成。团队价值取向的不同决定了团队日后的发展方向和团队的命运。也就是说，团队成员对团队任务的意义有认同，能为团队任务奉献自己的力量，完成分工的任务，这样的团队处在不断发展的状态。但是，不可否认的是，团队成员与整体之间也会存在着不一致性，甚至存在不认同团队任务的现象。这说明该团队的价值取向尚未达到最佳状态，最终既会影响团队的发展，也制约了教师个人的专业成长。团队的价值取向可分为三种类型：

1. 进取型取向

团队能发挥高级管理功能。注重团队精神的培养和民主决策的形成，团队核心人物有威望，成员认同团队任务和价值取向，彼此合作默契，分工合理，具有创新意识，能以高标准的专业发展要求实现团队的高效运作。进取型取向的教师团队不仅可以引领本校，还可以影响区、市甚至全国的教育改革。二十世纪八九十年代，上海青浦教师进修学校在顾泠沅老师带领下先后完成了"大面积提高数学教育质量的实验研究""教改实验的方法学与教学原理研究""基于中国当代水平的数学教育改革报告""上海中小学数学教育的跨世纪行动研究"等大型科研项目，引领了上海乃至全国的教育研究方向。而华东师大二附中的科技创新团队从 20 世纪 90 年代试行部分学生开展小课题研究，之后又参与全国青少年科技创新大赛、英特尔中学生国际科学与工程大赛，再到组建科创实验班，实现了100%的学生在高中期间都完成一个研究课题。这也对上海市青少年科技创新活动的发展起到一定的影响，并且令学校获得了首批"全国科技创新教育十佳学校"的称号。

2. 适应型取向

团队能发挥中级管理功能。团队在工作中能够在一定程度上发挥民主管理，成员之间形成一定的协作关系，能够完成基本任务，但创新价值不多，示范作用一般。目前大多数教师团队在发展过程中，都会有这样一个阶段：其价值取向处于适应状态。造成此种状态的原因之一，是团队的组成受行政性指令的影响较大，如多数学校的年级组团队都是由学校指定的成员构成，团队的领导是由行政指定。这样的团队因共同的任务而聚合在一起，成员之间有相互适应的过程，而整体的取向也是为完成任务的适应型。这样的团队往往有两种走向：一是逐渐形成自己的团队价值取向，磨砺团队的能力，成为进取型的团队；二是有可能长期处在被动应付学校任务的状态，作用有限。

3. 应付型取向

团队仅能发挥低级管理功能。团队只是被动执行上级指令，完成事务性工作，民主管理不能充分发挥。有时虽然能够有一定的工作效率，但团队成员之间的合作并不能成为常态。在某些学校或教育单位可见到这些应付型的教师团队，这类团队对教师专业成长的作用甚微，因为团队里缺乏一种互相激励的机制。

二、教师团队的发展

学校教育教学质量的提升和学生的全面发展不是靠几个教师能够完成的，而是需要一支优秀的教师团队的共同努力。在每一所学校中，优秀教师团队效力的发挥，需要正确处理好团队整体与团队成员之间的关系，在最大限度挖掘团队成员个体能量的基础上，实现学校发展与教师个人成长的双赢。

（一）教师团队发展的意义

人类社会进入信息时代以后，知识呈几何级数增长，这大大促进了教育的发展。而教育的发展壮大和学校的有效运作，都取决于高素质的教师队伍，因此有必要加快促进教师团队的建设和发展。

1. 学校发展的必然选择

伴随着学校的发展，一些教师也成长起来了，继而成为省市、区县的名师。然而，教师之间的发展是不平衡的，这势必影响学校的发展。教育质量的提升，关键在于教师的素质提高。如何促进教师的发展是学校面临的一项重大课题。发展教师团队，促使教师团队发展是每一所学校发展的必然选择。

2. 教育发展的迫切需要

《国家中长期教育改革和发展规划纲要（2010—2020 年）》提出："要加强教师队伍建设，把教师队伍建设作为促进教育发展的重要保障措施之一。"因为"教育大计，教师为本"，因此教育发展的关键在于教师，需要一支师德高尚、业务精湛、结构合理、充满活力的高素质、专业化的教师队伍；需要提高教师的业务水平，完善培养培训体系，做好培养培训规划，优化队伍结构，提高教师的专业水平和教学能力。通过有效途径培养教育教学骨干，造就一批教学名师和学科领军人才，这是教育发展的迫切需要。

3. 社会发展的强烈呼唤

现代社会分工越来越细，没有合作就难有成功和突破，合作意识和合作能力已经成为人类生存发展的重要品质。联合国教科文组织在《学会生存》和《教育——财富蕴藏其中》等报告中，对终身教育的理念做了重点阐释。尤其是《教育——财富蕴藏其中》对"每个人一生中的知识支柱"做了具体说明，提出"教育应围绕四种基本学习加以安排"，即"学会求知""学会做事""学会共同生活""学会生存发展"。教育面临着加强学生合作与创新精神培养的任务，而教师的合作精神会影响学生的合作意识。学校直面教师团队合作中存在的问题，找到原因，采取措施，进行实践，在实践中不断反思，在反思后采取新的举措再实践，力争改变影响目前学校进一步发展的制约因素，实现学校团队建设的有序、有效，从而促进全体教师均衡发展，通过教师教育教学水平的提高，实现学生的成长和学校的发展。

（二）教师团队的梯度发展

与所有团队发展一样，教师团队的发展也要经历组建、磨合、形成的阶段。由于团队组建的初衷与团队的价值取向的不同，将会发展为不同梯度水平的团队。

而对一个团队自身来说，其成员也必然存在合理有序的发展梯队。一般而言，教师团队的发展梯队可以形成一般与优秀两种类型。

1.一般的教师团队

学校教师团队通常都有教研组团队、年级组团队、管理团队等基本形式。但这些团队大多是依据行政规定组成的，团队的活动按照规定展开，往往是重于形式，活动的效果不尽理想，也难以有效地促进教师素养的提升。这样的团队，教师之间的合作意识不是很强，也缺乏团队核心人员的指导，其功能仅仅是完成上级规定的基本要求，而且往往需要学校对教师团队的监管才能保证活动的正常进行，缺乏自身发展的内驱力。

2.优秀的教师团队

优秀的教师团队具有以下重要的特征：

团队核心教师的个人品质和能力都很突出，其余团队成员又具有各自不同的特点和优势。面对各种任务，总能找到合适的人选。

团队具有集体意识，即能加强合作互补，互相配合，在每一项任务完成

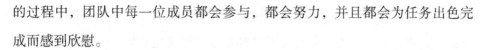

的过程中，团队中每一位成员都会参与，都会努力，并且都会为任务出色完成而感到欣慰。

优秀的教师团队能根据自身发展的需求主动寻求团队发展方向，善于思考，既不盲从跟风，又不自大，会发现自己团队面临的一些挑战性的问题，共同研究、合理解决。优秀的教师团队具有民主氛围，每个成员都可以充分发表自己的意见，集思广益促使团队良性发展。

3. 团队内部教师的梯度发展

团队内部的教师虽然面对相同的教育和教学对象，但是由于个人年龄和经验等条件不一，存在着梯度发展的差异。一般而言，团队中核心教师的发展层级处在最高状态，他们对团队的发展方向以及每个教师的特点具有较为清晰的认识。因而对不同教师安排不同任务的时候，既要考虑他的现有水平，也要考虑他的潜能。年轻教师在团队任务中会分派到具有挑战性的任务，例如要求年轻教师开设公开课或观摩课，使年轻教师获得锻炼机会。一些年长的核心教师，还会物色与培养团队潜在的领导者，把他们推到教学与研究的第一线，甚至安排他们对团队任务做整体的思考。这样，可以促使团队的可持续发展，使得团队内部成员成长有序。教育是永远的事业，而教师是有时限的职业，教师团队尤其需要构建合理有序的发展梯队，这样才能确保教师团队的生命力。衡量一个团队的核心领导者是否优秀，关键在于看他是否培养了年轻教师，是否对潜在的领导者给予足够的发展空间和机遇。

从一般团队到优秀团队，最后走向卓越团队；从一般教师成为优秀教师，最终成为卓越教师，这是学校发展的最重要的基础。团队梯度发展与教师个体成长之间互相影响、互相促进。

（三）教师团队发展的动力

正如人的身体发展需要各种物质营养，心智发展需要各种知识与精神关怀，教师团队的发展也需要各种物质条件和非物质条件。物质条件比较容易满足，而促进团队发展的非物质条件却较难得到满足。我们将这些非物质条件称之为教师团队发展的动力。教师团队发展的动力源于以下几个方面：

1. 目标与追求

教师肩负着培养人的重要使命，而人的全面发展需要具备不同才能和特长的教师共同努力。教师因共同的教育理想组成一个团队，对共同教育理想的认同与坚持是团队持续发展的不竭动力。很多优质学校的教师团队对学校的办学理念和目标定位都有强烈的认同，同时对自己的专业成长也都有明确的定位，这是团队发展内在的强大动力。

2. 信任与合作

信任是团队发展的力量源泉，是把团队成员紧密结合在一起的黏合剂，是决定团队取得成功的关键因素，是有效达成团队目标的必要条件。在一个团队里，每个成员都需要发挥自己的特长和才能，也需要学习他人长处和分享他人的成功；需要理解他人，也需要被他人理解；需要帮助别人，也需要被别人帮助。因此，团队要重视强化彼此的信任意识。在信任的氛围中，才会有高效的合作，才能促进大家把焦点集中在工作上，互相合作，提高工作效率。在团队信任合作的氛围下，大家真诚沟通、坦诚交流、共享经验，分享彼此的思想，产生对团队的认同感和归属感，从而使团队产生一种较强的向心力和凝聚力，发挥出更大的整体效应。

3. 归属与凝聚

思想是行动的先导，认识决定态度。教师团队建设是学校发展的基石，团队建设中所产生的向心力和凝聚力更是学校发展的原动力，而教师在团队建设中个体也得到了更好的发展，这就达到了学校与教师个体"双赢共好"的效果。因此，教师团队建设应提升教师对团队建设的凝聚力，形成对团队的归属感。

4.专业精神与民主氛围

教师专业发展是促进团队发展的动力之一，教师在团队中发展自己的专业，既要借助团队的力量，又要通过自己的专业发展推动团队的发展。威尔逊（Wilson，1999 年）认为教师的"专业发展必须包含一种批判性同事关系（critical colleagueship），在这样一种氛围中，成员之间既彼此信任，同时又进行不回避批评的专业对话，教师共同体要有容纳冲突和分歧的能力"。对于专业性的问题，一个优秀的教师团队要有"畅所欲言"甚至"争论不休"的民主氛围。这种民主讨论，无论对于资深教师还是青年教师都是平等的，只有在这样民主的氛围中，教师们的批判性思维才能促使教师个体专业水平的提高。所以，专业问题上的冲突和争辩是促使团队发展的动力之一。

5.优秀的核心领导

任何一个团体都需要一个核心或领导人物，教师团队的发展需要团队中有优秀教师作为核心领导。一个优秀的核心领导者，首先，能够引领团队发展的方向并站在教育研究的前沿；其次，能够了解每一位教师的特点并关心团队内部的人才建设，形成分布合理、梯度适当的人才梯队；再次，应该具有足够耐心倾听别人的建议，同时也能总结和概括大家的意见；最后，还应该对同事充满信任感，具有广博的胸怀，不会心怀嫉妒或猜疑，具有强烈的责任感和良好的沟通力与控制力等。一个优秀的教师团队的核心领导者，无论是对学校工作的推进，还是对团队教师的成长，都起着十分重要的作用。

第二节　教师团队的形态与功能

一、教师团队的形态

教师团队的形态是指教师团队在学校环境中的分布状态和层级关系。从形态学的角度剖析学校的教师团队，有水平形态和梯度形态两个维度。活动形态是教师团队的外在表现，直接影响效果和作用。

（一）教师团队的水平形态

教师团队的水平形态是学校各团队在水平层面上的分布状态，也就是学校中存在的各种教师团队之间在水平层面上的关系。教师团队的水平形态大致可以划分成四种类型：独立型、交叉型、包容型和开放型。

独立型教师团队是从任务角度定位的，这类团队的任务与功能和其他教师团队完全没有重复，教师团队的属性非常明确。比如语文教研组、英语教研组、数学教研组都是彼此独立的教师团队，承担着各自不同的学科教学任务，其成员一般不可能交叉。再如各个行政管理团队，像教务处、学生处、后勤处和校务办公室等机构，其工作职责和任务也都是有明确规定的，因此中层管理团队也都是独立型团队。独立型团队也可以称之为并行型团队，其任务多是并行而不交叉的。

交叉型教师团队是从参与成员的角度而言的，存在着"你中有我，我中有你"的关系。通常来说，年级组就是一个典型的交叉型团队。如某一年级组与任何一个学科教研组在人员组成上都会有交叉：不同学科的教研组成员都分散在不同的年级组内；而任何一个年级组都由不同的学科教师组成。这种交叉性，既体现在学科的交叉上，也体现在年级的交叉或任务的交叉中。

学校教师团队的交叉型特点非常明显,许多教师都会从属于多个团队,这就意味着他们在学校的事务中,要扮演不同的角色,承担不同的任务。例如,某位教师是学校的教务主任,他从属于学校的中层管理团队;同时,因为他还是一位语文教师,必然属于语文教研组团队;如果他在高三年级组任教,那么他也是高三年级组团队的一员。实际上,在学校中,独立型教师团队和交叉型教师团队没有绝对的分界线。在二附中有一个奥赛指导教师团队,从任务上来看,是个任务明确、相对独立的教师团队,但是人员上又包含了数学、物理、化学、生物、信息五大学科中的具有竞赛指导经验的教师,因此,从学科和人员组成上看,又是一个交叉型教师团队。再比如二附中的科技创新指导教师团队在学校里也是相对独立的,但是其人员构成往往来自很多教研组,包括语文、数学、政治、历史、地理、生物、物理、劳技、信息、化学等多个学科的教师都一起参与,打破了学科的壁垒。

包容型教师团队如同数学中的集合,大的教师团队里包括了小的教师团队。其实,在一所学校里最大的教师团队应该包含全体教职工,而每一个教研组、每一个管理部门、每一个年级组都是这个最大教师团队里的一个较小的团队。同样,一些人数较多的教研组,根据任教年级的不同,细分为年级备课组,这是从属于教研组之下的教师团队。

开放型教师团队往往表现为本校与外校联合共生、互相促进的教师团队。为了促进教育均衡化发展,近年来包括上海在内的很多地区都在推行集团化、学区化办学,领衔学校(核心学校)的团队活动就具备了开放型的特征。一些学校形成了教师发展的共同体,领衔学校(核心学校)的团队不仅要考虑本校的任务和促进本校教师的发展,还要致力于区域内、集团内、合作体内其他学校的任务与教师发展。2012年,华东师大二附中与香山中学、张江实验中学组成办学联合体,三所学校以特色办学与特色教师团队的培养为项目,开展了为期两年的合作研究,取得的研究成果不但由三所学校共享,同时也开启了组建开放型教师团队的尝试。近几年来,华东师大二附中扩建了紫竹校区，形成了一校两区的格局，还承办了华二初中、二附中附属初中、华二浦东实验学校、二附中紫竹双语学校、华二前滩学校、华二宝山实验学校和位于海南省的华二乐东黄流中学。同时，二附中还与华东师大一附中、上海崇明中学、上海天山中学、西藏民族学院附中、青岛实验高中、浙江平湖中学、浙江嘉善中学、江苏太仓高中等学校建立了合作关系。华东师大二附中的教师团队有很多机会与这些学校的教师进行互动和交流，形成了教师团队开放型的格局。这种开放型的教师团队，不仅使二附中教师承担了传送经验、示范展示、培养他人的责任，其实也为二附中的教师开阔眼界、接受信息、学习他人提供了良好的机遇和平台。此外，二附中很多以特级教师、首席教师命名的市级或区级的名师工作室、德育实训基地也是非常典型的开放型教师团队。参与名师工作室和德育实训基地的学员大多数是外校的教师，这些市级或区级的教师团队也给二附中带来了各所学校的宝贵经验，这是开放型教师团队的一大优势。

（二）教师团队的梯度形态

教师团队的梯度形态呈现出它在垂直方向上的发展，体现出梯度的层次。一般而言，教师团队必然会经历从低级水平到中级水平，再到高级水平的发展趋势。所不同的是，有的团队容易在中、下水平上徘徊，而有的团队则能在各种任务的磨砺中迅速提升到高位的水平。研究教师团队的梯度形态的目的是为了促使教师团队获得持续的发展。根据教师团队的不同梯度形态，我们可以将教师团队划分成基础层次的教师团队、研究层次的教师团队和创意层次的教师团队。

基础层次的教师团队，是学校中基于常规工作或任务而形成的教师团队形态。基础层次的教师团队比较常见，它能基本完成学校指派的各项任务，并且能开展正常的团队活动，例如定期举行例会、组织必须开展的学生活动、举行教师的业务学习和交流等。但是，团队活动总体上处于被动状态，通常是在学校领导布置任务的情况下开展相应的工作，或者根据本团队的工作基本规范开展相应的活动（例如通常规定教研组两周必须开展一次教研活动）。从教学方面来说，基础层次的教师团队能够把握规定的教学进度，按照教学计划完成教学进度，在学习成绩方面可以达到学校的基本要求。从年级组的团队来说，基础层次的教师团队能按照学校的规定组织好学生活动，班主任工作处于基本正常状态。但是，团队的发展往往会囿于特定任务而缺乏亮点、缺少特色，缺乏教育思想方法的思考、教学理念的更新和教学手段的创新。从育人方面来说，基础层次的教师团队了解基本的育人目标与方法，但常常会不知如何与学科教学渗透结合。在科研方面，基础层次的教师团队又往往缺乏科研的主动意识，会上课的老师未必会思考和研究，对开展科研有畏惧情绪。

研究层次的教师团队，是一种以研究问题为指向的教师团队形态。从教学方面来说，研究层次的教师团队会主动关注教学改革的宏观走向和动态，例如，怎样在学科教学中体现"立德树人"的根本任务，怎样在学科教学中培育"核心素养"，怎样运用好信息技术改变传统教学方式，这些问题的发现与研究能够在这些教师团队的课堂教学中"落地"，在教学实践中体现出来。从育人方面来说，研究层次的教师团队会把"立德树人"与学科教学融为一体，会自觉地渗透中华优秀传统文化和社会主义核心价值观的教育。从科研方面来说，研究层次的教师团队善于做课题、搞科研，会把握课改的方向并促进科研成果的产出，他们是问题导向性的团队。研究层次的教师团队形成了一种面向教育教学中的真实问题进行研究的倾向，能够发现自己团队在完成任务中存在的瓶颈问题，或者自己团队与新的教育理念、新的教学方法、新的教学技术存在的落差，从这些问题出发，经过研究采取改进工作的措施，使得团队任务得以完成或者有所突破，同时，也促进团队教师的专业水平的提高。这样的教师团队能推动学校的教育改革，能在其他团队教师中起到示范作用。研究层次的教师团队的特点是能主动地发现问题、研究问题、解决问题，而基础层次的教师团队常常是被动地接受任务、理解任务、完成任务，两者存在着"品质"上的差异。应该说，研究层次的教师团队已经具备了"卓越"

的品质。毋庸讳言，在今天的学校中能达到研究层次的教师团队还为数不多，或者还正在追求之中。毫无疑问的是，我们不能仅仅满足基础层次的教师团队，而应努力向研究层次的教师团队发展，使自身的专业水平达到一个新的高度。

创意层次的教师团队，是能够进行因材施教并形成自身教育教学风格的教师团队。从教学方面来说，创意层次的教师团队能在学科教学的理念、教学思想方法和教学手段上进行积极探索，对流行的教学流派具有批判性思维，善于分析这些教学流派在本校实行的可行性，会考虑引进的必要性，决不盲目"跟风"，决不搞"形式主义"，重视学校的传统经验，能针对本校学生的特点，自发地研究教学问题，逐渐形成独特的教学模式。在育人方面，创意层次的教师团队对如何在本学科的教学中渗透德育，逐渐形成一套较为完整的经验，而且具有教育的智慧，在不经意间通过各种方式达到言传身教的目的。在科研方面，创意层次的教师团队具有科研经验和深入的思考，并把思考转化为科研课题。他们的研究课题直接地来自教育教学实践，由表及里地对微观问题进行分析考察，进而上升到理论研究层面，使其成果辐射到校内外。创意层次的教师团队是学校中最高阶的教师团队，这样的团队是在达到基本要求并具备研究水平的基础上，为教师团队的建设创造出新的经验，其创意性的成果具有很强的辐射价值，他们必然是卓越教师团队。他们是基于教育教学的自觉性而发展，作为位于顶端的教师团队，他们的成果还影响着团队里的青年教师，从而促进每一位教师的专业成长。

教师团队的梯度状态，不是一成不变的和固化的。了解教师团队的梯度状态，有利于努力提升自己团队的梯度层级，使教师的专业成长达到新的高度。

（三）教师团队的活动形态

活动形态是教师团队的外在表现形式。由于教师活动形态的多样性，一般很少出现单一的活动样式，多是不同形态的复杂结合，据此教师团队的活动形态可以概略地分为四类：

第一类是封闭型和开放型的结合。所谓封闭型是指教师团队活动限于本校、本年级、本学科，活动的形态不与外界发生联系，这种活动形态一般依工作性质而定，如规定教学进度、讨论年级组工作，还有事务性工作安排等。而开放型的教师团队活动会对校内其他学科、不同年级的教师开放，或者对外校教师开放，也可以邀请校外的专家参与指导。开放型的活动内容具有研究性和示范性的特征，例如以公开课的形式邀请外校教师参加，并且对公开课进行评议，又如围绕主题开设专题研讨，或者邀请专家进行指导。开放型的团队活动还包括在线上与全国各地各校的同行"网友"保持联系、共同探讨。这些开放形式，有利于吸纳校外的教育资源共享，借助"外脑"研究教育教学或者管理问题。一般来说，开放型的教师团队活动有助于教师专业水平的提高。

第二类是被动型和主动型的结合。前者如教师团队按照学校规定定期召开例会，根据学校布置的任务进行讨论落实，这也可以说是一种任务驱动型的活动形态；后者是教师团队能够主动地根据实际情况的需要，确定讨论与研究的内容，特别是根据课程与教学改革的发展需要，教师团队主动发现问题、组织学习、加强研究、制定对策、确定方案等，这也可以说是一种问题导向型的活动形态。被动的任务驱动与主动的问题导向，是教师团队交替采取的活动形态。教师团队主动增加问题导向活动的比重，有利于改善团队的工作状态和提升教师的专业水平。

第三类是任务型和研究型的结合。所谓任务型的团队活动，多以常规工作任务为目标组织团队的活动。如在教学类的团队中，常常以教学问题为主，尤其关注学生的学习成绩，在学生管理类的团队中，常常以组织多种多样的学生活动和解决学生问题为主，在其他的任务型团队中，教师都会偏重某些具体工作，这是任务型教师团队的常态。研究型的团队活动会摆脱许多事务性工作，对带有倾向性的教学现象进行深入研究，寻找内在规律，创新工作方法，引进新理念，制定新规程，在此过程中促进教师的教育理解、教学艺术、管理能力等获得发展。

第四类是组织型和自发型的结合。组织型的活动多以正式的会议形式出现，是一种常见的形式，参与者需要签到或有发言记录，以作考查之用；自发型的活动是团队成员在课余时间，甚至茶余饭后的休息时间，在各种自然的场合，三五成群地商议、讨论和交流，用这样的方式互通信息、交流情况、陈述观点、研究方法，形成了一种补充的团队活动形式。例如，年级组的教师同坐一个办公室，课余时间教师们常会自发地讨论；同样，教研组的教师也会在课余或者午休时间研究教学问题。团队的管理者常利用这样的机会见缝插针地讨论、研究、安排工作。近年来，一些有条件的学校还专门开辟了茶室、咖啡吧、休息室等场所，为教师们创设宽松、闲适的交流环境。

上述四类活动形态，与团队发展的梯度形成一种内在的呼应。在封闭型和开放型的活动形态中，越是开放度大的活动对教师的影响越大，接受的信息也越多，团队的梯度层级越高；在被动型和主动型的活动形态中，如能走向主动的问题导向型，则表明这个团队正走向自主发展的阶段；在任务型和研究型的活动形态中，如能增加研究型的活动，则标志着团队发展趋于"卓越"品质；在组织型和自发型的活动形态中，尽管组织型的活动是主要形态，但是自发型活动如能经常出现，则标志着这个团队已经形成了较强的凝聚力，团队文化开始形成，卓越教师团队所表现出来的专业自觉正在走来。

二、教师团队的功能

从组织功能的角度出发，教师团队作为一种组织形态，具有提升教师专业成长的内驱力、提高团队的领导力和执行力的重要作用。

（一）教师团队内驱力

团队的内驱力是指由外部刺激所唤起、使团队指向于实现一定目标的内在动机倾向。内驱力是教师专业发展理论中最基本的命题，它是教师内在的事业成长的动力，表现为教师对成长终极目标的追求，体现教师对学校任务认同并努力达成目标的主观期望，也反映了教师对每一堂课、每一项教育教学任务的具体态度。

教师团队的内驱力与教师团队水平形态、教师团队梯度形态以及教师团队的活动形态都有关联。强大的教师团队内驱力使得教师团队活动显得更有成效，对于团队成员个人是一种提升，对于团队整体品质更是一种提升。有效的团队活动能使教师团队从一个较为基础的梯度升至较为高阶的梯度，引领团队成员从普通教师发展为研究型教师，进而成为卓越教师。强大的教师团队的内驱力使得教师团队打破封闭型、任务型、被动型、组织型教师团队的壁垒，向开放型、研究型、主动型和自发型的教师团队发展，继而朝着更高的梯度形态奋进。强大的教师团队内驱力能使教师们不是"无可奈何"地参加"招之即来、挥之即去"的活动，而是朝着"志向相同、意愿相投"的团队而努力。

教师团队的内驱力从何而来？第一，教师团队内驱力产生于团队领导，团队领导是团队活动的发起者、组织者和参与者，是团队的榜样、领袖，以其个人的影响力带动团队里的其他成员。第二，教师团队内驱力取决于团队成员对团队任务的认同感，一项有着共同愿景的任务是值得团队成员共同为之努力的。第三，教师团队内驱力来自工作成效获得了各方肯定，包括上级行政领导的肯定、团队的自我肯定以及学生和家长的肯定，这就是常说的成就感。

教师团队内驱力也是促进教师个体专业化发展的重要动力。教师专业发展的动力，可能来自国家的教育规划和相关政策，也有可能来自教学改革的需求，还可能来自学校领导的要求，但是影响最大、最具体的还是来自团队的积极氛围，特别是团队中那些资深的优秀教师的榜样作用。教师专业发展是一个持续的过程，但是有不少教师在专业成长获得阶段性的成功以后（例如获得了高级教师职称），内驱力逐渐降低。这时，团队的推动作用将是很重要的因素，团队不断地向其成员提出发展目标，则会唤醒成员教师的内驱力，不断获得专业发展的动力。

孙中山先生曾说过，大凡人类对于一件事，研究其中的道理，最先发生思想；思想贯通以后，便起信仰；有了信仰，就生出力量。内驱力的动因就是教育的信仰，在一个教师团队里，强大的内驱力能使教师团队的成员齐心协力，最大可能地激发团队成员的学习潜能，强化他们的团队认同，形成合力共创育人的辉煌。

（二）教师团队领导力

团队领导力是指团队领导者表现出来的组织、管理能力。团队领导者需要为团队制定长远目标和具体行动方案，在适当的时候代表团队处理内外各种关系。在很多老师眼中，他并非是"领导"，而是一位朝夕相处的同事、朋友和师长。这样一种特殊的"领导角色"如何起到领导作用呢？

教师团队有大有小，大到二三十人以上，小至仅有三四人，但无论多大的教师团队，都要有一两位核心人物。在教研组他可以是教研组长，也可以是学科资深教师；在年级组他可以是年级组长，也可以是具有威望的资深班主任。团队领导力很大程度上体现在团队领导者身上。

团队的领导力与学校领导力不同，学校领导有较为强烈的行政色彩，有行政岗位的职责；教师团队的领导可能是行政领导兼任，但更多的还是一线教师，教师团队多为平等关系，团队领导与团队成员更多的是沟通后达成共识，而不是依靠命令行事。在教师团队里，领导者的示范性、合作性、协同性相对强一些，行政性、指令性相对弱化一些，甚至于有些行政性的规定、指令性的要求都会化解于合作之中。团队领导者依靠的是目标认同、情感沟通、示范引领、互帮互助、及时鼓励，从而产生领导力。

团队领导者应该具备哪些能力才能具备强有力的领导力呢？第一，要有专业素养，团队领导者本身是专家型教师。第二，要有敬业精神，对工作热爱，以身示范。第三，要有前瞻性的认知与思考，能为团队发展确立方向。第四，要有合作态度和亲和力，而非单纯依靠指令指挥他人。

在华东师大二附中有不少优秀的团队领导者，他们有的是教研组长，有的是年级组长，有的是中层干部，还有的是普通教师。他们都具有责任意识和改革精神，有教学特长和研究能力，有人格魅力和良好品质。尽管他们的学科、资历、水平、特长不尽相同，但是相同的是都具有敬业爱岗的精神，是学校文化的认同者，并获得了同行认可和推崇。

一所学校的党政领导班子是团结全校的核心，是学校整个教师团队的领导核心，是一所学校发展的最重要的因素。华东师大二附中自建校以来，在华东师范大学的关心支持下，一直有一套坚强有力的领导班子。二附中的领导班子成员，建校之初有来自其他附中的优秀领导，以后各届领导班子中有来自大学的教授，也有来自二附中一线的优秀教师，他们中有硕士与博士，也有特级教师，都是学科专家和教育专家。首任校长和历任校长都是德高望重、富有人格魅力和卓有远见的优秀领导。而且，二附中得到了华东师范大学许多教育专家和学科教学专家的直接指导，使得二附中领导班子的教育视野开阔、教育改革意识强烈，从建校伊始就努力追求一流、追求卓越，在 60 年的历程中，经过几代二附中教师团队的共同努力，取得了卓越的办学成果。因此，团队的领导力是团队发展的决定性因素，是保证教师团队可持续发展的源泉。

（三）教师团队的执行力

团队执行力是团队成员实施任务目标的能力。学校中的教师团队能够完成共同任务，不完全依靠行政命令的作用，而是团队成员基于对任务认同之后的自觉实践。

如果说团队领导力是对团队负责人的要求，那么团队执行力则是对团队成员的广泛、普遍的要求。教师团队执行力不等同于学校执行力，但学校良好的执行力文化是促进团队教师提高执行力的重要杠杆。

执行力是一套系统的流程，是目标与结果之间不可缺失的环节。执行力作为一门如何完成任务的学问，不是一个简单的管理问题，而是需要经过"提出问题—分析问题—采取行动—解决问题—实现目标"的系统流程。一个团队素质的高低，直接决定执行力的强弱。执行力有五个关键词：沟通、协调、反馈、责任、决心。沟通是前提，协调是手段，反馈是保障，责任是关键，决心是基石。执行力作为一种管理理念，已经渗透到学校的管理之中。学校的核心竞争力就是执行力，执行力是一所学校走向成功的必要条件。

教师团队执行力是教师团队实现其教育教学目标的能力，是在团队领导者的带领下，在共同目标的引领下，充分利用和整合各种教育教学资源，协作互助，共同努力，优化教育教学新举措，达成预期目标的能力。团队中教师个人的能力再高，如果不能解决整体的搭配、力量的整合，不能激发团队潜在的智慧，并有效带动教师团队执行力的提高，仍然不能给教师和学校的发展带来优势。教师团队执行力的高低取决于教师团队的整体素质，团队执行力高，表明团队目标清晰，团队成员协作性强，富有责任感，沟通良好并有优秀的领导者。

影响团队执行力有以下几项因素：第一是基本理念，即团队成员对本团队的任务是否有认同感。如果有强烈的认同感，在执行力上就会比较坚决，反之则减弱了执行力。第二是基本素养，即团队成员是否具备基本的学科素养，是否能够达到和谐共生的状态。如果团队成员不具备团队合作的基本学科素养，则在执行力上也是弱化的。第三是基本结构，即团队成员的年龄结构是否合理，团队成员是否各有所长。最理想的团队年龄结构应该是老中青比例合理，年轻教师具有创新意识，对科技和教育前沿问题有比较多的了解，资深教师有丰富的教育教学经验和人生阅历，取长补短、搭配合理能促进团队执行力。理想的团队中教师应该是各有所长的，有的擅长教学，有的熟悉科研，有的善于组织，有的长于宣传，他们的性别和性格也需要互补配合。第四是成功体验。这个团队有无合作成功的体验，是形成执行力重要条件。这其实就是成就感，成就感促进团队执行力的提升。

　　美国学者保罗·托马斯和大卫·伯恩在《执行力》中提出："没有执行力，就没有竞争力。"从日常教学活动到教学科研项目，从课程建设到课题研究，从活动组织到年级管理等，都需要教师团队合作完成。团队执行力是团队成功的核心。教师团队执行力对于凝聚团队，促进团队信任，强化整体搭配，激发团队智慧，实现教育教学持续改善，提高人才培养质量具有极其重要的影响作用。

　　在华东师大二附中，有不少教师团队就是因为有了比较强的执行力，所以能在教书育人方面做出一番成绩，赢得社会的口碑。比如二附中的大学先修课程的教师团队，他们来自不同的教研组室，都在不同的几所大学进修过相关大学课程。只要学生有更高的学习需求，这支团队就会利用暑假期间和周末晚上坚持给学生"加餐"，不计辛劳与薪酬，先后开设了微积分、线性代数、概率统计、经济学、普通化学、中国通史、中国文化、通用学术英语、计算概论、电路基础、地球科学概论等一系列大学先修课程，不仅满足了学生的需求，也提升了自身的学养。

第三节　建设学习型教师团队的意义

一、教师团队的意义

　　教师团队有何重要意义？它如何促进学校的发展？如何促进学科的发展？如何促进教师个人的发展呢？

　　（一）促进学校发展

　　建立教师团队首先是对学校发展有着非同寻常的意义。一所学校的卓越发展，关键在于学校的领导团队；一个教研组的建设，关键在于组内的教师团队；一个班级的建设，关键在于班内的师生团队。

学校就像一个家庭，每个教师都是大家庭中的一员，需要协作共事、团结共进，实现个体和集体的和谐发展；一个家庭就不能让一个成员掉队，有事人人参与，有责人人担当。一人上课，多人备课；一人亮相，多人幕后；一人支撑，多人帮扶。教师通过各种团队的聚合，优势互补，合作共进，整体配合，才能呈现出学校整体的强大力量。

学校是有文化气息的地方，教师的品位决定了学校的品质。教师的行为影响并构成了学校的环境，教师的精神塑造着校园的氛围。如果学校处在团结奉献、互帮互助、共同发展、共同进步的氛围中，则有助于形成大局意识、责任意识、合作意识。一所学校办学成功与否，"教风"起着重要的作用。人们常说"有什么样的教师就有什么样的学生"，教师职业要求教师不仅需要言传，而且离不开身教，所谓"集腋成裘、滴水成河"这一道理显而易见。教风是教师个体行为的集中表现，来自教师之间良好关系的建立，更来自教师群体氛围和群体素质。与此同时，教师群体素质的形成也促进了教师自身的发展，使之形成一个良好的循环系统，不断提升学校的凝聚力和影响力。

加强教师的团队建设，有利于促进学校办学目标的实现。办学的目的不仅仅是为了完成教学任务、提高学业成绩和升学率，更要有助于全体学生整体素质的提高、为了每一位学生的终身发展，还需要学校教育与家庭教育、社会教育良性互动。因此，一所学校的使命由很多具体目标组成。从教育部颁布的"中国学生发展核心素养"来分析，"全面发展的人"主要分为三个方面（文化基础、自主发展、社会参与）、六大核心素养（人文底蕴、科学精神、学会学习、健康生活、责任担当、实践创新）以及十八个基本要点。可见，学校教育的目标是全面的、多元的、长久的、可持续的，因此学校需要有多个强有力的教师团队，担当不同的任务，达到共同的育人目标。

自20世纪90年代起，二附中先由理化学科的教师指导学生获得了国际中学生奥林匹克物理和化学的金牌，之后指导教师的团队扩大到数学、生物和计算机学科，在这五大理科领域都获得多枚金牌的优异成绩，被誉为"奥赛金牌学校"。这支教师团队不仅在专业上精益求精，同时还非常重视对参加奥赛的学生的德育培养，激励他们团结合作、为国争光，要求他们在国际舞台上体现出中国学生的风采。由此引发了参赛学生发自内心地提出，在国际比赛的舞台上"国格比金牌更重要"。指导教师团队随即提炼出了"金牌精神"，使之成为激励二附中全体学生成长的动力。进而，学校在课程设计、教材编写、教学方法上形成了完整的培养体系，使得华东师大二附中的奥赛成绩在国内名列前茅，成为学校的一大特色。

2000 年前后，随着课程改革的深入，研究性学习受到广泛重视。二附中的教师也随之开展"小课题研究"，最先在理化生等学科中开展课外的小课题研究活动，然后又拓展到"大文科"领域，形成了 100% 的学生都要完成一个小课题研究的目标。学校还成立了科技指导教师团队，先后有十余位教师参加环境保护、机器人、植物生态、天文观测、国际电台等项目指导，并且有两个项目连续在 2000 年、2001 年的美国英特尔国际科学与工程大奖赛（ISEF）中获奖，载誉而归。随着教师团队的逐渐壮大，团队成员中增加了许多有专业特长的教师，甚至几位博士也加盟到该团队，成为二附中专职的科技教师。至今十多年来，每年都有学生科技创新项目被选拔参加 ISEF 并荣获奖项。团队的成熟和发展，有力地推进了二附中科技创新人才的培养，使得科技创新成为学校的一大特色。

（二）促进学科发展

教师团队对学科发展有着非同寻常的意义。教师的专业成长离不开专业组织，没有专业组织的依托，一味埋头单干，其效果甚微，个体教师的工作效率必将大打折扣。个体教师只有参与到团队群体之中，与其他教师合作对话，通过相互学习激励，分享彼此的教育教学经验，才能更好地实现教师的专业发展。在我国，几乎每所中小学都有教研组，都有共同备课、相互听课的传统。

各种学科团队（教研组）是一定意义上的专业组织，这些组织在提高教育教学质量、提高教师科研能力、促进青年教师成长等方面发挥着积极的作用。

追求卓越的教师团队，需要创造一种新型的"团队文化"，其中一个重要转变就是从"单兵作战"转向"团队合作"，在共同体中营造民主、开放、合作的氛围，教师们在没有权威的预设、只有思想碰撞和意义建构的良性互动中走向成熟。这就要求团队成员立足于实践，在实践中学习，在行动中研究，共同参与讨论及决策，相互利用各自的专长，逐步实现共同的发展；也要求团队成员互相鼓励、相互扶持，共同承担暂时失败的风险，为他人的成长而喝彩，为自己的成长而欢欣。共同体突显了团队集体对于个人的意义，团队成员的共同成长可以使每一位教师增强面对困难与艰险的勇气和信心。

近年来，随着大量毕业生进入教师岗位，更有必要在学科内组建好教师团队，使得教师团队的结构趋于合理，相互取长补短。比如二附中的体育教研组，为满足体育教学和学生爱好的需求，响应体育专项化改革的要求，在体育教师团队发展中形成了多专长组合，目前二附中体育教研组共计有八位教师，其中分别有游泳、武术、足球、乒乓球、篮球、田径、排球、羽毛球等专项教练。

近几年二附中数学教研组新进了很多青年教师，这些新手教师参加市级、区级教学比赛，或慕课开发、校本课程编制、高考命题比赛、学生课题指导等专题方面的比赛，都获得优异的成绩，这背后是数学教研组团队共同努力的成果。2016年上海市中青年高中数学教学比赛，数学教研组推举一位青年教师参加，除了他自身努力外，组内一些资深教师帮助他反复磨课和研讨，最终荣获了上海市的一等奖并代表上海出席全国比赛，也斩获大奖。数学教研组还首创了上海市第一个中学生数学文化周，在短短一周内举办了华东师大数学系排演的主题话剧、举行了上海市中学生"数独比赛"、邀请华东师大数学系教授开展有关数学史的讲座、举办数学教学微论坛活动等，产生了积极影响，也提高了数学学科的教研水平。无独有偶，二附中的历史教研组协助华东师大历史系共同举办全国高中生历史剧本大赛，这一项全国性的比赛首次举办即获成功，在全国高中历史教学领域产生广泛的影响，上海市各区的相关学科教研员和特级教师均应邀参加评审工作，各学校的参赛热情空前高涨。

对于学科建设而言，不是规划中的"一纸空话"，而是切切实实的通过团队活动带来了深远的影响。不同的教师团队在各自领域中创新活动内容和形式，把枯燥的听讲座和讨论转化为具体的、有创意的研习，提升教师参与的积极性，也容易让教师体验到专业发展的乐趣，在成就学生的同时，发展自我，提升自我，促进学科发展，促进团队成长。

（三）促进教师发展

组建教师团队对教师个人的发展更是有着非同寻常的意义。教师以团队合作形式发展，才能不断造就优秀高端教师。

教师自身素质的高低会影响学生身心素质的预期目标；教师团队关系的好坏，不仅影响着教师之间的交往效果和心理感受，而且影响着学校集体组织效能的发挥。良好的教师群体关系是教师理想工作环境的重要条件，建立优秀的教师团队不仅有助于教师群体对学校教育目标和工作任务的认同，而且有助于教师产生归属感和荣誉感，最大限度地调动教师工作的积极性。

教师的自身素质包括正确的教育观念、良好的职业道德、广博的知识学养、健康的心理素养、综合的教育能力和研究意识等。这些素质的提高，一方面来自教师自身的努力，另一方面依靠教师团队氛围的催化作用。青年教师的成长最能体现出教师团队建设的重要性。

青年教师要成长为学校的骨干教师，必须经过由"学习者"向"胜任者"转化、由"新手"向"成熟"过渡、由"新教师"向"骨干教师"转化等阶段，而在这些阶段的转化中，除了采用一帮一、老带新的措施以外，也必须给任务、压担子，同时要特别关心青年教师的心理和他们的具体问题。二附中历来重视对青年教师在团队中的培养，学校领导班子中都有专人负责青年教师培养工作。对于青年教师来说，既要关心他们的"专业"成长，比如对教育理念、师德修养、教学水平、育德能力、教学技术等提出了很多需要学习、研究的要求，也要帮助和指导青年教师"非专业"的成长，包括情感体验、心智成熟、价值引导、个性养成、特长发展等。

中年教师容易满足自己的发展状态，或者有意无意地中止了自己继续发展的动力，特别是获得高级职称（甚至于中级职称）以后就处于停滞状态。人到中年随着体力精力的下降，也会渐渐放松要求，结果不仅在教学能力上落后于青年教师，在师生关系上也缺少青年教师的亲和力，甚至在教学效果上也逐渐被其他教师超越。对于这样的教师，更需要团队的力量调整其状态。在团队里有领导者的关心，也有年轻教师的尊重，通过和团队成员一起承担任务，如共同研究教学问题，充分发挥他们经验丰富的优势，用团队共同的成就来激励每一位教师。

团队对于塑造卓越教师是一片肥沃的土壤，不仅是因为卓越教师需要团队才能实现教育的理想，而且也只有在带领团队成员中才能锻造卓越教师的远见卓识和领导才能。此外，团队还能提供卓越教师构思的素材，分享集体的智慧和成功的喜悦。所以，卓越教师团队既能带领教师们一起发展与成长，也给卓越教师创造了更快更高的发展目标。

团队合作是一种理念，是一种文化形态，是个体和群体之间为实现某一确定目标而形成的一种协调彼此行为的互动方式。团队合作不仅包括合作的行为，还包括合作的认知、合作的感情和合作的技能。由此可以认为，教师团队合作是学校范围内教师为完成共同的任务，以明确的分工为基础、以团队的形式所开展的互助互利活动。在团队中，成员间相互尊重、相互支持、交流信息、分享智慧与成果，共同提高每位教师的专业素养。

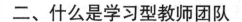

二、什么是学习型教师团队

学习型教师团队的概念来源于学习型组织。彼得·圣吉在《第五项修炼》中指出"学习型组织"应当拥有五个条件：系统思考；自我超越；改善心智模式；建立共同愿景；团队学习。

学习型组织的学习不是一般意义上接受信息的学习，是真正的学习，"涉及一种心灵的根本性转变或提升转化"。"真正的学习会触及做人的意义这个核心问题。通过学习我们得以再造我们自身；通过学习我们开发自身能力，去做从前不能做的事；通过学习我们重新认识世界，重新认识我们与世界的关系；通过学习我们扩展创新能力，使自己成为生命的成长和生发过程的一部分。"

所谓"学习型教师团队"，就是建立一个不断学习和自我改造，持续开发创造未来的能力，以便能充分利用新机会，创造性开展工作，不断提高工作效能，取得卓越工作成果的教师团队。创建学习型教师团队是指应用学习型组织的理论，通过培养教师的自主学习和团体学习，形成学校的学习气氛，进而充分发挥教师的创造性思维能力，使教师为实现学校的共同愿景而真诚奉献。

三、为什么要建设学习型教师团队

新课程改革对教师提出了新的要求：

（1）教师要有广博的专业知识与专业技能。

（2）教师必须强化学习，更新教育观念，要具有课程意识，以"大课程"的观念来构建新的课程，努力成为课程的设计者与开发者。

（3）教师要具备反思意识，由原来的知识传授者转变成教育研究者。

（4）教师要改善知识结构，掌握新技能，学习新技术，以适应课程改革现代化的要求。

（5）教师要转变角色，转变工作方式，努力建构开放的课堂，创新教学方式，倡导自主、合作、探究的学习方式。

（6）教师要形成新的评价观念，尊重学生的差异，让每一个学生得到充分发展。

课程改革的成败关键在教师。教师是新课程改革的执行者，教师能否准确把握新课程标准的精神，并依此指导自己的教学行为，能否将课程改革的要求落实到每一个教学环节上，都至关重要。所以，教师要适应新课程改革的要求，要提高自己的认识，要明白自己任重道远。作为新时期的教师，要跟上课程改革的步伐，必须改变自己的观念，树立终身学习的意识，从"教书匠"转变成为学习型教师。

但是，目前教师的学习状况不容乐观，主要表现在：

（1）没有意识到学习的重要性。许多老师的观念因陈守旧，没有学习提高的敏感性，认为自己的经验已经很丰富了，足够应付日常的教育工作。特别是有个别老师认为教师这一职业是"铁饭碗"，打不破，干多干少一个样，不需要再学习提高了；也有的教师已经评上"小高职称"了，缺乏学习的积极性，在专业成长的"高原区"停滞不前。这些老师没有意识到在信息技术飞速发展的今天，社会竞争激烈，对人的要求越来越高，特别是身为教师，亲临一线的教育工作者，学习提高是刻不容缓的事情。

（2）忙于日常工作而疏于学习。教师的工作非常烦琐，特别是小学教师，他们每天都要备课、上课、批改作业、辅导学生、关注学生的思想动向……既要管学生的思想，又要管学生的学习，还要管学生的生活，就像一位全职的"高级保姆"。每天忙碌的工作占据了教师大部分的时间，使教师分身乏术，无暇学习。这种每天充当"救火队员"式的教师，只是忙于处理眼前的事情，工作效能低。他们并没有认识到自己缺乏理论指导，缺乏对教育理性的认识，教育方式、方法陈旧落后，不适合目前状况，完全陷入了教育怪圈，造成恶性循环。他们的理念亟待更新，能力急需加强，只有学习，才能帮助他们走

出怪圈，摆脱困境。

（3）没有掌握学习方法，不善于在工作中学习，在学习中工作；不善于反思自己的工作。其实，教师的工作与学习并没有冲突，也不抵触，甚至可以教学相长，相得益彰。教师的每一项工作都与学习相关，教师的备课、上课、批改、辅导、与学生谈心、处理突发的教学状况等，都需要方法、技巧，都经历一个过程。而且，每一次都是新的挑战，每一次都需要不同的处理方式，每一次都有不同的体验。只要教师在工作中都多留一份心，多留一个思考的空间，多作一次分析、总结，多写几句反思，在实践之后进行理性思考，一定会收获匪浅。在这些往复循环的工作中，锻炼自己，不断实践，不断总结，不断提高。变工作过程为学习过程，做到边工作边提高，实现工作即学习，学习即工作。

（4）没有注意倾听、分享。教师的职业习惯就是爱"说"，在各种场合都喜欢滔滔不绝、口若悬河，发表自己的"高见"，却没有注意到倾听也是一种很好的学习方式，听同事、朋友、家长、学生说话，也能了解许多信息，分享别人的观点与智慧。

（5）"教书匠"没有思考，没有创新，只是"今天重复着昨天的故事"。今天的教师不能只当"教书匠"，要树立起自主学习、终身学习的意识，积极参与团体学习，积极与同行交流分享，努力探究教育的规律，成为探究性的学习者和实践者，成为教育教学工作的创新者。

为了改善教师的现状，使教师从"教书匠"转变为学习型教师，胜任课程改革的工作，创建学习型教师团队是一条有效的途径。

建设学习型教师团队，使教师成为名师；营造团结、协作、和谐的工作氛围，让高水平的教师形成一个和谐的教师团队；建立高效的运作机制，提升教师及团队的执行力，发挥教师团队的集体智慧，提高创新能力，创造性地开展工作，促进学校持续、和谐地发展。

教师和学校发展了，才能给学生提供适合的教育，为学生的终身发展奠基，把学生培养成全面发展、学有所长的人。

第四节　教师的自我超越与团队的和谐互动

一、什么是"自我超越"

"'自我超越'是指突破极限的自我实现，或技巧的精熟。用有形的标准来看，它是指在专业上具有某一水准的熟练程度。""自我超越不是你所拥有的某些能力，它是一个过程、一种终身的修炼。"彼得·圣吉所提出的自我超越的修炼包括"建立个人愿景""保持创造性张力""看清结构性冲突""诚实面对真相"和"运用潜意识"五方面。教师的自我超越是指教师个人专业成长的学习修炼，不断激发创造性张力，克服情绪张力。具有高度自我超越的人，能不断扩展他们创造生命中真正的心之所向的能力，以个人的不断学习为起点，形成学习型组织。

二、教师为什么要自我超越

培养自我超越的学习者是培养学习型教师的前提。任何一位教师都无法躲避时代的挑战和压力，每位教师都应探寻隐藏于内心深处的理想和愿望，调整固有的思维模式，激活个人的热情和潜能，从而勇敢地为愿望而行动。

只有教师发展了，才会有学校的发展和学生的发展。教师们正确树立自己的奋斗目标，建立个人愿景，从而增强学习的动力，促进自己不断学习，在学习中工作，在工作中学习，不断提高自身的素质，寻求自我突破，不断自我超越，促进自我的专业发展，是建设学习型教师团队的关键。

三、教师如何自我超越

（一）认清目标，增强创造性张力

认知其自身真正的愿望。并认知自己当前的真实状况，了解自己目前的情况与实现理想之间的差距，形成并增强学习的动力，为实现此愿望不断扩展其能力。

（二）榜样引路，树立正确的价值观

"榜样的力量是无穷的。"在长期的教育教学实践中，无数的教师为人民的教育事业呕心沥血、学而不厌、诲人不倦，为后人树立了光辉的榜样。如古代的孔子，现代的苏霍姆林斯基、陶行知，当代的魏书生、窦桂梅等。教师以他们为镜子。用他们的标准来评价衡量自己，找出自己的特点和不足，从而确定自我努力的方向；另一方面，自我践行也会影响人的价值意识，并进一步影响自我认识，使教师重新认识自己。

（三）制定制度，在不断学习中实现自我超越

教师们明确了自己的目标，学习的动力增强了，但还需要有制度的约束，才能让教师们把学习融入日常的工作和生活中，并慢慢让学习成为教师的习惯，形成在工作中学习、在学习中工作的良好氛围。

（四）开展多项技能比赛，不断训练潜意识

为了使老师们打下扎实的教学基本功，训练多项潜意识，熟练应用各类教学技能，学校可开展多项训练及比赛。例如要求老师们每天练字，每个月上交一篇习作；组织老师们进行朗读比赛、三笔字（毛笔、钢笔、粉笔）比赛等。

（五）在工作实践中形成共享的个人学习与合作的良好习惯

注重理论学习与实践相结合，在教学中逐渐养成共享的个人学习与集体

合作的良好习惯。以参加比赛课和一年一度的"一人献一课"为契机，通过集体备课、试教、诊断、修改等磨课历程，以同课异构、错位教学等方式，帮助教师实现自我超越。在磨课过程中老师们抛开自我防卫，通过深度会谈、讨论、交流、磨课等团体学习，使教师快速成长，不断超越自我，实现个人价值。

四、教师团队要开展团体学习

（一）什么是教师团体学习

教师团体学习是提升学校教师整体素质的过程，是提高教师团队能力、实现共同目标的过程；它以教师团队的"共同愿景"为基础，共同愿景为团队学习提供凝聚力，使教师为实现共同愿景而克服习惯性防卫，彼此分享心中所想；教师团体学习还依赖教师个人的"自我超越"，因为有才能的团体是由有才能的个人所组成的；教师团体学习还需要系统思考，要求教师团队从个体看到整体，从静态掌握动态，从近期情况预知长远发展，从而把握事物的本质规律。

当代杰出的量子物理学家鲍姆认为："我们的思维是前后不一致的，而且所造成的反效果是这个世界上问题的根源所在。""我们必须将思维看作是整体现象，起因于我们如何互动以及如何交谈。"把思维看作是集体的现象是鲍姆对团体学习的独到见解。

（二）为什么要开展教师团体学习

教育理论界提出：学校要在日趋激烈的竞争中立于不败之地，最好的办法是把教师带入"学习型组织"进行团体学习。

团体学习是学习型组织建设的重要修炼方法。教师团体学习中的成员，不仅能在既定目标的引导下，彼此在学习的机制中共同学习，从而激发群体的智慧，而且能提高解决问题的能力，以此促进彼此的成长。

学校核心竞争力不仅是教师核心竞争力的简单累加，还是教师团队核心竞争力的矢量叠加。为了促进教师团队核心竞争力的矢量叠加，就需要开展团体学习，提倡知识共享。同时，团队中每个人都可以找到个人核心竞争力发展的支撑点，形成一种崇尚互信和无缝配合的学习氛围。教师团体学习不是个体学习的相加，它还包括个体、团体和系统的层面及其交互作用的协调，它比个体学习甚至个体学习的总和更有价值和意义。有效的教师团体学习能够激发出超出个人学习所得的见识，使团队智慧超过个人智慧，个别成员的专业成长速度也比其他的学习方式更快。从这个意义上来说，教师团体学习的开展必定能促使教师业务能力的迅速提高，必定能促进学校的可持续发展。

团体学习虽然是学习的最佳形式，但也存在着能否整体配合，从而达到有效团体学习的问题。一般来说，在团体学习中会出现三种现象，如图2-1、图2-2、图2-3所示。

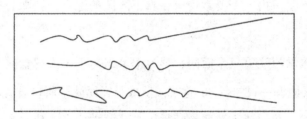

图 2-1　几条"绳子"发散性发展，作用力互耗

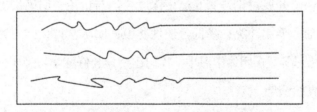

图 2-2　几条"绳子"各自发展，没有向心力

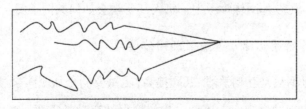

图 2-3　几条"绳子"拧成"一股绳"，和谐并共同发展，形成合力

如图 2-3 所示，和谐并共同发展才是教师团体学习的最佳状态，这种学习状态激发教师群体的智慧，并能促进个人与学校的共同发展。

（三）怎样开展教师团体学习

1. 强化团体学习的意识

在教师群体中形成良好的教师团体学习的文化氛围，使教师自觉参加团体学习；健全学习制度，进行规范的团体学习；构建教研网络，重建学校教研组织；抓好常规管理，使团体学习有序进行；建立激励机制，鼓励教师积极参与团体学习。

2. 掌握开展教师团体学习的方式和技巧

教师团体学习由三个要素构成：真正团队的建立；教师的高度参与；开放的沟通系统。

教师团体学习注重三个面向：学习萃取出高于个人智慧的团队智慧；发展创新性而又协调一致的行动；重视团队成员在团队中所扮演的角色和影响。

通过学习，我们认为开展教师团体学习的方式有：建立各种学习团队；进行深度会谈、开展讨论，交互运用深度会谈与讨论；明确反思、探寻是深度会谈的基础；善用冲突，降低习惯性防卫；团队会议；脑力激荡；团队读书会；持续练习等。在团体学习中，我们还要学会修炼学习型团体的炼金术、进行虚拟世界的演练。

团体学习是一种属于团体的技巧，无论个人怎样努力都无法达到的一种境界。因此，在教师团体学习中，每人都要学会如何共同学习。

3. 结合各种团队活动开展教师团体学习

团体学习不只是互相学习、共同提高，更重要的是从团体学习中实现创新、提高能力、实现共同目标。因此，学校根据教育教学需要，建立各种团体学习小组，主要有"个案学习小组""班主任学习小组""新教师学习小组""名

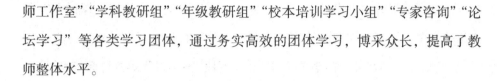

师工作室""学科教研组""年级教研组""校本培训学习小组""专家咨询""论坛学习"等各类学习团体，通过务实高效的团体学习，博采众长，提高了教师整体水平。

4. 结合课题研究开展教师团体学习

面对学校教师的实际需要，经过全方位调研，"二附中"决定以"十一五"规划课题为依托，进行团体学习的研究，以此为突破口，为"二附中"教师及学校的可持续发展搭建起一个绿色平台，让工作在"学习型团队"里的教师，形成相互尊重、相互信任、共同研讨、共享经验和共同发展的有效团体学习的机制。创建一个集学习、研究于一身的团结进取的教师团队，以保证教师在教育改革实践中不断学习与反思，不断提高专业水平，这样不仅能促进教师整体能力的提高，而且能促进学校的整体发展，从而提高学校的综合竞争力。

五、以和谐互动为特色的团体学习

"和谐互动型教研"是教师团队自由和有创造性的探究教育教学问题的教研活动，是一种无拘无束的，每个人都敞开心扉，完全摊出自己的经验与想法，进行自由交流、探究的教研模式。

彼得·圣吉在《第五项修炼》中的"团体学习"这一修炼中提出的"深度会谈"被认为是现今最新的一种沟通方式。深度会谈（ dialogue ）是一个团体的所有成员，摊出心中的假设，自由交流想法，以发现个人深入的见解，如果深度会谈进行得当，人人都是赢家，个人可以获得独自无法达到的见解。

新课程需要教师重新认识自己的角色，教师不再只是知识的传授者，而是学生学习的促进者；不再只是"教书匠"，而是拥有先进教育理念、懂得反思技术、善于合作的探究者。和谐互动型教研是促进教师专业成长的有效途径。

教师们以实践中遇到的问题与困惑为专题开展互动教研，针对专题畅所

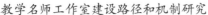

欲言，自由地交流、分享经验，提出各种意见和看法，在交流、探讨中丰富彼此的思想，提高对问题的认识；在教研中采用合作学习的方式进行集体备课，对教学进度、教学内容、教学方式、教学手段、教学过程等进行商量和讨论，形成完整教案。在实践课中相互交流、探讨课堂教学的知识、技术、经验等，使教师们在教研互动中互相帮助，共同提高。

第三章 致力"卓越教育"建设卓越团队

第一节 卓越教师的内涵与能力要素

卓越教师培养以及卓越教师团队建设的理论研究和实践探索是我国教师专业发展研究的新课题。什么是卓越教师？卓越教师具有怎样的特征？卓越教师在推动学校卓越教育发展过程中能发挥怎样的作用？厘清"卓越教师"的基本内涵及主要特点，无论对于卓越教师培养，还是卓越教师团队建设，都具有十分重要的意义。

一、卓越教师的基本内涵

卓越教师的一个基本特征是不断自我超越，然而如何界定卓越教师，现有的研究对此缺少共识。有研究者将卓越教师定位为"人格高贵、学养深厚、能力突出、智慧卓著，具有坚定的信念和不断追求卓越的精神，充满创造激情与生命感召力的未来杰出教师"（罗小娟，2016）。有学者提出，卓越教师就是"兼具专业决策能力与实践反思能力，并集育人使者与终身学习者于一身的教师"，据此，卓越教师"就不再是一个抽象的概念，也不再是一个良好的愿望，而是一个可以为之奋斗而且可以看见成功希望的行动目标"。

（一）卓越教师的培养要求

可以确定的是，卓越教师这一命题的提出，是国家教育行政部门基于教育改革和发展的需要所形成的目标。教育部在《关于实施卓越教师培养计划的意见》中提出"培养一大批师德高尚、专业基础扎实、教育教学能力和自我发展能力突出的高素质专业化中小学教师"，并据此提出了中小学阶段各级各类学校卓越教师的培养要求。

中学教师：信念坚定、基础扎实、能力突出，能够适应和引领中学教育教学改革。

小学教师：热爱小学教育事业、知识广博、能力全面，能够胜任小学多学科教育教学需要。

幼儿园教师：适应学前教育改革发展要求，厚基础、强能力、重融合……热爱学前教育事业、综合素质全面、保教能力突出。

中等职业学校教师：探索高层次"双师型"教师培养模式，素质全面、基础扎实、技能娴熟，能够胜任理论和实践一体化教学。

特殊教育教师：坚持理论与实践结合，富有爱心、素质优良、具有复合型知识技能。

从中我们可以看到，国家对于不同学段、不同类型的学校的卓越教师培养，既有共性要求，也有特殊性要求。例如，在共性要求方面，居首要地位的，是理想信念、富有爱心等师德要求；在个性要求方面，中学强调能够"适应和引领教育教学改革"，小学强调"胜任多学科教育教学需要"，中等职业学校突出"双师型"，特殊教育学校则为"复合型知识技能"。

（二）卓越教师的新时代内涵

2014年9月9日，习近平总书记在北京师范大学的师生代表座谈会中作了重要讲话："一个人遇到好老师是人生的幸运，一个学校拥有好老师是学校的光荣，一个民族源源不断地涌现出一批又一批好老师则是民族的希望。

国家繁荣、民族振兴、教育发展，需要我们大力培养造就一支师德高尚、业务精湛、结构合理、充满活力的高素质专业化教师队伍，需要涌现一大批好老师。"并提出，"好老师没有统一的模式，可以各有千秋、各显身手，但有一些共同的、必不可少的特质。要有理想信念、要有道德情操、要有扎实学识、要有仁爱之心"。习近平总书记对新时代的教师提出了"四有"要求，引领着卓越教师的发展方向。

理解卓越教师的内涵，首先要理解"卓越"的内涵。根据《辞海》，"卓"，"高超""高远"。与"卓"相关，如"卓见""卓绝""卓异""卓越""卓尔不群"等，皆具"超出""不同于一般"之意。"越"，超出。"卓越"，《辞海》解释为"优秀突出"。叶澜教授在阐释"卓越教育"内涵时，将"卓越"解释为"卓然独立、越而胜己"。据此，从基本内涵看，卓越教师就是超越一般的、具有高超水平的教师。因此，我们评价一位卓越教师，其出发点，应该关注从事一线教育教学实践和研究的群体；其关键点，应该聚焦教师在教育教学的实践和研究中"卓"于哪些方面，"越"出哪些水平层次。

在新的时代条件和教育要求下，卓越教师应该具有以下几个方面的特质：

一是师德水平。这主要是指教师自身的师德追求，以及教师的育德意识和育德能力。坚持立德树人是学校教育教学的根本任务，教师应通过切实提升自身的师德修养，深化育人的责任意识、使命意识，具有仁爱之心，在教育教学的各个环节和各个方面，以自身的示范和榜样作用培养学生的道德情怀。

二是专业能力。专业能力包括两方面内容：一是卓越教学能力；二是专业化能力。

卓越教学能力主要是指教师能"因人施策"，针对不同类型、不同特点、不同需求的学生，发现与发展每一位学生的潜能，创造性地开展教学活动，激活学生的创新潜质和学科特长，使学生在"崇尚创新、追求卓越"中不断自我超越，促进学生的最优化和最大化发展。在此基础上，形成教师鲜明的教学风格和教学特色。

专业化能力既表现为对各学段教育教学特点和规律的深刻认识和有效把握，也表现为能够综合运用教育学、心理学、脑科学、信息技术等专业化知识和技术手段，开展教育教学实践或教育教学研究的能力。同时，专业化能力还通过教师资格证书、教师资格证书定期注册制度等加以保障。

三是依法执教。依法执教，既包括教师对教育教学相关法律法规的充分认识和把握，也包括教师依据法律法规的规范要求开展教育教学活动和教学研究（如切实保障师生权益、尊重知识产权、符合课堂语言文字要求等），还包括教师对相关利益诉求的合规性表达。在全面依法治国的新时期，卓越教师应当在学校一切教育教学过程中发挥依法执教的引领作用和示范作用。

四是终身发展。与部分发达国家相比，我国教师专业化培养还存在一定差距，绝大多数教师从师范等院校毕业后就直接从事教学工作，实际上许多重要的教育教学知识和能力都需要在具体的实践中学习摸索，而当前学科知识体系快速更新又容易加剧教师的焦虑感。这就需要教师确立终身学习理念，随时关注并及时补充新的学科知识，有效提升运用信息技术开展教育教学的能力，拓展教育教学的综合实践能力，将追求卓越贯穿于终身发展全过程。

需要指出的是，在不同时代、不同社会环境条件中，对卓越教师具体内涵的认识是有所不同的。例如在近现代时期，受教育条件和个人兴趣影响，有些人因为某一学科成绩突出，如数学学科突出，或写作能力突出等，就可以成为世所公认的卓越教师甚至学科大师的例子，并不鲜见。同时，有些教师虽然具有较广泛的社会影响，或者在教育教学活动以外取得重大成就，例如成为著名文学家等，但其教学能力并不出众，这些教师同样也不能称为卓越教师。

二、卓越教师的关键能力

卓越教师不在于卓越之名，而在于卓越之实，即卓越教师拥有怎样的特

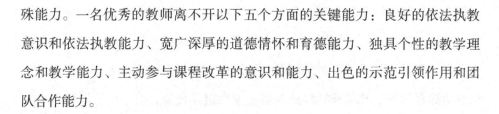

殊能力。一名优秀的教师离不开以下五个方面的关键能力：良好的依法执教意识和依法执教能力、宽广深厚的道德情怀和育德能力、独具个性的教学理念和教学能力、主动参与课程改革的意识和能力、出色的示范引领作用和团队合作能力。

（一）良好的依法执教意识和依法执教能力

良好的依法执教意识和依法执教能力，是教师做好一切教育教学工作不可或缺的素质要求。熟练掌握并有效运用与教育教学相关的法律法规，明晰教书育人的法治边界，是教师善治善教的必要前提和重要保障。卓越教师应具有鲜明的依法执教意识和依法执教能力，这是当前法治社会建设的迫切需要，更是当前教育现代化和综合改革发展过程中依法治教的迫切需要。卓越教师应该成为依法执教的楷模。

教育部在《依法治教实施纲要（2016—2020年）》中提出，要"切实转变观念，以法治思维和法治方式推进教育综合改革，加快构建政府依法行政、学校依法办学、教师依法执教、社会依法支持和参与教育治理的教育发展新格局，全面推进教育治理体系和治理能力现代化"。《纲要》明确了依法治教的总体目标：到2020年，要形成系统完备、层次合理、科学规范、运行有效的教育法律制度体系，形成政府依法行政、学校依法办学、教师依法执教、社会依法评价、支持和监督教育发展的教育法治实施机制和监督体系。青少年学生法治教育体系健全完备，教育部门领导干部、校长、教师法律素质与依法办事能力显著提升，在全社会遵法守法的进程中发挥表率和模范带头作用。

目前，高中教育、义务教育、学前教育、家庭教育和社会教育等教育法律规范尚不健全，同时由于长期以来对学校教育教学所涉及的道德与法律之间的关系缺乏系统深入的理论研究和实践探索，使人们常常"德""法"不分，或将法律问题当作道德问题对待，或者将道德问题当作法律问题处理，导致人们常常将某些社会问题简单归结为教育问题，又将某些教育问题简单归结为学校道德教育问题。同时，由于个别教师依法执教意识淡薄，依法执教能力不足，在处理日常教育教学问题中使用诸如体罚、语言暴力等错误方法，也包括随意加课、超量布置作业加重学业负担等现象，给学生发展带来不利影响。这些现象说明，依法执教落实到学校教育教学的每一个环节，还是任重道远。

（二）宽广深厚的道德情怀和育德能力

教师的职业道德不同于其他职业道德。教师要对学生的一辈子负责，为学生的终身幸福奠定基础。"教师要为这个国家和民族的未来负责，这是一种强烈的社会责任。要希望我们的学生去推动民族的复兴，引领人类的进步。如果这些做到了，可能就是卓越教师；卓越教师多了，就撑起了卓越的学校。"因此，卓越教师必须有宽广深厚的道德情怀和有效的育德能力。

宽广深厚的道德情怀主要表现为教师道德所具有的历史感和现实感。相对于其他职业道德建设而言，教师道德的建设一要植根于深厚的中华民族优秀传统文化，了解中华民族道德发展的历史和基本特点，并将其融汇于具体的育人实践；二要深刻把握新时代关于立德树人的根本要求，吸纳世界各民族优秀道德教育的有益经验，在时代思潮的交流激荡中形成文化定力和道德定力，开展以人为本、实事求是的育人实践。

鲜明的育德意识和有效的育德能力，是卓越教师的重要特征。在建设社会主义核心价值体系、深化社会主义核心价值观教育过程中，上海在学校德育的理论建设和实践探索方面取得了重要成就，其中《上海市学生民族精神教育指导纲要》《上海市中小学生生命教育指导纲要》的制定实施，以及"大中小德育课程一体化建设"国家重大攻关课题的深入研究，对于广大教师形成明确的民族精神教育意识、生命教育意识，以"政治认同、国家意识、文化自信、人格养成"为重点内容开展大中小学纵向衔接、横向贯通的育人实践，

发挥了十分重要的作用，得到广大教师的高度认同和强烈共鸣。

卓越教师在学校的教育教学和管理工作之中，能自觉地渗透德育，把德育融于学生的生活、学习和实践活动之中。卓越教师在显性的德育活动中，例如德育课程教学、班主任工作、学生团队活动、学生社会实践活动等过程中，因势利导、循循善诱，始终把育人置于首要地位。此外，卓越教师还能善于做好隐性的德育工作，例如在知识型学科教学中，关注学科知识的育人价值，自然地渗透学科德育，犹如教师在学校中的谈吐举止，无不是良好道德和高尚情操的无言的榜样。

（三）独具个性的教学理念和教学能力

卓越教师都有属于个人的教学风格，这些教学风格源自教师个人的教育理解和教学艺术。

卓越教师的教学风格和教学成效超越于有效教学。有效教学是一种以"有效性"为理念、以追求"教学效率"为核心的一种教学。一般认为，有效教学是教师遵循教学规律，以尽可能少的时间、精力和资源投入，取得尽可能多的教学成绩，富有成效地提升教学活动效果。有效教学通常以"知识、技能传授与掌握的效率"为追求目标，从而把教学活动变为一种以追求效率为核心的活动。而卓越教师所形成的教学风格建立在教育—教学一体化的基础上：教学是为了实现某种育人追求；教育则总是通过特定的教和学形式来实现。如果说这种教学风格可以命名的话，或可称为"卓越教学"，包括目的的卓越、过程的卓越、方法的卓越和课程的卓越。卓越教师所形成的这种独特教学风格，是教学主体以追求"知识、能力和智慧"为结构性指向的一种"教"与"学"出色相长的价值活动；它有别于有效教学的机械性、功利性特点，具有理论上的整体性，在实践中表现为集整体性、有效性与个性于一体的卓越性特征。

可见，卓越教师所形成的教学风格反映着教师独特的教学理念和教学能力。它以激发和引导学生的创造性学习为表征，从规模化、规范化、同质化教学向个性化、多元化、特色化教学转变，进而推动教学从有效向卓越转变。卓越教师应该具有"发现与发展每一位学生的潜能"的教学能力，能根据不同学科和不同学生的发展特点，激发学生的学习兴趣和学习潜能，提升学生的自觉自主学习能力和合作学习能力。卓越教师的教学能力不仅反映在学生的学习成绩上，更体现在学生对学科学习充满了兴趣与爱好，充满了求知欲，转变被动学习的心态，积极开展"创造性学习"。

（四）主动参与课程改革的意识和能力

自 20 世纪 90 年代起，我国基础教育开始了新一轮的课程改革。从表面上看，这次课程改革是课程标准、课程结构和教材的调整，其实质是教师教学行为的改革。投身课程改革，不仅仅是教师的职业姿态，也是教师专业成长的良机。

传统的课堂把教师定位为教学的工具，教师的任务就是知识的传递。课程改革在改变学生学习方式的同时，改变着教师教学的能力，改变着教师对教育的理解，进而提升了教师的专业素养。可以说，课程改革呼唤着优秀教师的主动参与，同时也造就了一批又一批优秀教师。

卓越教师不仅对教育改革具有积极参与的态度，而且能够立足本职工作和本校特点，找到参与教育改革的切入口，并且对教育改革的实践有策划和构思，也能组织团队一起参与，在教育改革中提高自身的专业水平，也提高了学校的办学水平。实际上，持续深化的教育改革也是锤炼与打造卓越教师以及卓越教师团队的机遇和平台。

（五）出色的示范引领作用和团队合作能力

卓越教师发挥示范引领作用，既是现代学校建设的必然要求，也是教师在追求卓越过程中义不容辞的义务和责任。

在很多学校发展过程中，随着很多具有鲜明现代意识的青年教师的加入，他们在追求教学个性、讲究个人教学风格的同时，其中有些人常常忽视教学的一般规律，甚至认为经验丰富的教师的教学风格属于"过去式"，而面对自身专业素养不足、教学经验欠缺的状况缺乏反思意识和改进意愿，导致教学过程中违反"教学常规"的现象屡屡发生。从现实情况来看，学校中教师特别是青年教师的成长，需要呼唤卓越教师的引领，也需要团队的共同参与。

对于卓越教师而言，应该认识到自己应在"示范"中发挥"引领"作用，而不是在"引领"中"示范"。建立教师之间民主、平等、和谐的关系，有利于卓越教师在团队合作中实现全体教师的共同发展。当代教师的知识和能力结构以及教师的职业身份，决定了教师绝不是"一个人在战斗"，而卓越教师更是需要具有优良的团队合作能力。

三、团队建设的内外要素

学校一般都有教师团队，但是普通的教师团队不一定会成为卓越的教师团队。卓越教师团队的形成是一个从一般团队作为起点的质性变化过程，卓越的含义是不断追求、不断超越，朝着一个理想状态不断前行。任何发展程度的教师团队都可以逐渐地向卓越教师团队转型，转型的重要基础是必须具有明晰的发展定位和稳定的文化风格。而要实现这样的转型，需要努力解决好团队建设的外因和内因问题。

第二节 卓越教师团队的特色

一、卓越教师团队的特征

卓越教师团队具有超越一般教师团队的特征。这些特征主要表现为正确的教育思想和育人观念、优质高效的教育教学能力、出众的科研能力以及紧密互助的团队合作。

（一）正确的教育思想和育人观念

人们习惯于把教学能力作为评价卓越教师和卓越教师团队的标准，事实上，教师教学能力是一定教育思想的外在显现，正确的教育思想和育人观念才是卓越教师团队的首要特征。

1. 对教育本质的深刻认识

对于基础教育而言，卓越教师团队既要注重培养全体学生，也要注重培养具有学科特长和创新潜质的优秀学生。而无论是聚焦全体学生的共同发展，还是根据每一个学生的个性特征激活、引发、促进其潜能发展，都基于教师团队的教育责任和教育使命，基于教师的理想信念和价值追求。要改变重"育分"轻"育人"的现象，就必须深刻认识教育的本质，真正把立德树人作为教育的根本任务，坚持以人为本，全面实施素质教育，促进学生全面发展，着力提高学生服务国家与人民的社会责任感、勇于探索的创新精神和善于解决问题的实践能力。

正确的教育思想和育人观念是教师团队建设的精神内核。厘清教育的本质特征，回归育人本原，以人的成长、发展、幸福为出发点和落脚点，让每一位教师得到充分发展，才能实现团队的卓越发展。

2. 对育人模式的创新探索

"育人模式"的创新，是学校改革发展的根本目标，也是教育的根本任务。创新"育人模式"，要以"人的全面发展"为核心，让学生成为德智体美全面发展的人，因此创新育人模式是学校团队正确的教育思想和育人观念的重要体现。卓越的教师团队能把培养什么样的人、怎样培养人的教育核心问题作为自己的价值追求。

二附中近年探索的"六个百分百"育人模式便是一例。其中，"百分百的学生做 100 个课时的志愿者"体现德育为先的教育思想，培养学生的家国情怀，培养他们对社会的责任感以及服务社会的意识和能力；"百分百的学生完成一个小课题研究"注重激发学生科学研究兴趣，培养科学态度、科学方法和科学精神，在每一位学生参与研究、亲历研究的过程中，发现和发展学生的潜能，培育学生的创新精神和研究能力；"百分百的学生选修校本课程"是为了培养学生的综合素质，使学生具有多元发展的能力，实现个性和潜能发展，并赋予学生课程自主选择学习权，实现个性特长的充分发展；"百分百的学生参与社团活动"使学生能够根据自身的兴趣爱好、能力特质，形成自我发展的目标，并且培养自主管理意识和领导能力、团队精神和合作能力、丰富精神生活，促进身心和谐发展；"百分百的学生完成 100 个实验"是为了着力提升学生动手能力，通过学生实验，探求科学方法，培养科学态度，全面提升学生的科学素养；"百分百的学生学会游泳"是通过全体学生学会游泳，培养学生健康的体魄、承受挫折和战胜困难的顽强意志，塑造积极进取、自强不息的精神品质，促进学生身心和谐发展。

值得一提的是，这"六个百分百"或是源于教师团队的首创开发，或是教师团队参与支持的结果。例如"百分百的学生学会游泳"是体育教研组团队提出方案并且有效执行的；"百分百的学生做 100 个课时的志愿者"是学生处和班主任共同推动实施的；"百分百的学生参与社团活动"是组建了一支社团指导教师队伍才促成落实的；"百分百的学生完成 100 个实验"是物理、化学、生物、劳技、计算机和心理教师联合组建的团队承担开发任务的；"百分百的学生参与小课题研究"则是由包括理科和文科教师都在内的指导教师团队参与指导。

3. 坚持以德育为先的育人理念

一些传统的教师团队常常以完成具体任务为目标，缺乏长期稳定的价值追求，或由于自身缺乏教育定力，其关注点往往在各种教育潮流和各种教学流派中"游荡",团队的目标任务在各种教育教学"热点"之间不断转换。最典型的例子,莫过于"引进"或"复制"某些学校为应对考试而采取的所谓的"准军事化管理模式"。特别是引入那些被称为"高考工厂"的学校的应试手段,令很多学校失去了教育价值的判断力。

还有一些教师团队(如教研组、备课组)对育人理念方面的关注不足,仅仅满足于完成日常备课、听课、评课、考试等常规任务,把教学与德育分割。在新一轮教育改革中,如何以学科素养的培养为核心,体现全面育人价值,是教师团队需要进一步思考的问题。党的十八大提出"教育的根本任务是立德树人",并且明确提出了要加强学科育人、实践育人的要求与措施。教育部颁布的"中国学生核心素养框架"也明确了"培养什么样的人"和"怎样培养"的问题。所以,以核心素养为目标,坚持全面育人理念,以先进的价值追求引领和激励教师团队,激发团队的内在发展动力,促进团队在共同追求中实现教育目标和教育理想,是卓越教师团队的价值追求,是点燃卓越教师团队理想的火焰,能引领卓越教师团队的发展方向,赋予卓越教师团队恒久不衰的发展动力。

(二)优质高效的教育教学能力

如果说正确的教育思想和育人观念是卓越教师团队的首要特征,那么优质高效的教育教学能力则是卓越教师团队的关键特征。

卓越教师团队优质高效的教育教学能力体现在教育教学的每一个环节。在课程改革过程中,对"三维目标"的研究和实践不是简单的平衡关系,如何合理地设定学科教学目标中核心价值观教育要求,这是卓越教师团队需要重点突破的重要问题。从教学设计的层面看,学科教学中体现价值观教育的设计,需要明确每堂课教学的育人价值。卓越教师团队在设计过程中要做到"一体""适切""可评"。"一体"是指价值观教育必须与知识和技能教学进行一体化设计,使价值观教育内生于课堂教学内容,即来源于教学内容、融化于教学内容;"适切"是指要抓住课堂教学的关键点或道德教育的生长点,使价值观教育要求与学生当下的思想道德建构需求相吻合,与本学科对学生价值的引导和影响相吻合;"可评"并非指能够立竿见影地产生可量化评测的效果,而是通过教学过程中的观察、课后的了解等方式感知学生情感态度和行为的变化,觉察学生的认同反应,从而诊断德育要求的教学效果。

自 2006 年开始,二附中在各个教研组团队中开展了"学科德育"的研究,包括学科德育分析研究、课堂教学实践、学科德育的叙事研究等。例如,数学特级教师王平在讲解"数列"一课时,从"中国 GDP60 年数值的分析"这一非常独特的视角,以等差数列和等比数列为基本模型,编撰了一系列(四个)数列应用问题,始终以问题的形式引导学生主动参与,通过一系列数据的分析解读,有说服力地让学生感受到我国在高速发展的同时所面临的问题。这样,应用数列知识对中国 60 年的 GDP 数值进行分析与解读,令学生充分感受到了数学的应用价值,同时也更加深切地感受到了伟大祖国的巨变。王平老师认为,高中阶段是学生人生观、价值观形成的重要时期,学会客观理性地分析社会各种现象是形成正确人生观、价值观的基础,而数学学科的理性特征是对周围事物客观的、定量的认识,是一种有理有据地推理、论证的思维,也是一种不迷信权威、坚持真理的精神。王平老师的这节课既教授了数列知识,又进行了国情教育,还体会到数学的理性精神及应用价值,教育教学融为一体,育人价值落到实处。

(三)出众的科研能力

教育教学实践证明,卓越教师团队通常都具备出众的科研能力。教师的科研能力主要体现在将教育、教学和育人等相融合的研究实践能力,教师的教育教学能力水平与科研常常是不可分割的。

在实际工作中,各级部门和学校为了便于管理,常常将教研、科研、德研分块或条线管理,形成三种研究"并列"现象。但在实际工作中,三种研究的具体内容是互相融合的，教师的研究表现为教育研究、教学研究、德育研究"三研合一"的特点。例如，教师设计"育人目标"中的价值观教育内容需要对具体教育目标进行针对性研究（教育研究），同时也要开展如何在课堂教学内容中体现价值观教育的思考（教学研究），还要评估价值观教育在本次课堂教学中是否具有针对性和有效性（德育研究）。因此，对于卓越教师团队而言，不必纠结于研究的形式，重要的是通过研究真正解决教育教学的具体问题。

科研的显性成果常常是论文或著作，隐性成果则是育人效果。对许多教师或者教师团队来说，论文和专著的写作经常是一件感觉困难的事情，但是卓越教师团队必须具备科研成果的表达能力。科研成果的表达能力是可以学习、提高和逐步把握的。论文和专著的文字表达，实际是对科研思路和工作实践的梳理，是科研思维精确化的表达。只要研究的目标明确、研究的思路清晰、研究的过程完整、研究的成果真实，撰写论文或专著便不是一件难事。二附中的教师团队十分重视通过撰写论文或专著总结研究的成果。据不完全统计，从 2002 年至 2012 年的 10 年中，二附中的教师编著和参编的各类专著、教材、读本等共达 100 余种。在 2008 年的校庆 50 周年前夕，由二附中教师编写的校本教材 50 本也由华东师范大学出版社出版。这些成果表明了在课程教学深入改革的背景下，二附中卓越教师团队提高了科研能力，增强了研究意识，中学教师著书立说已不是梦想。同时，学校还完成多项教育部、上海市以及浦东新区的科研课题。这些科研课题的完成，不仅推动了学校的工作，同时也促进了教师的专业成长。

（四）紧密互助的团队合作

卓越教师团队的第四个鲜明特征是紧密互助的团队合作能力和团队合作成效。卓越教师团队内部成员之间、不同团队之间的合作，通常具有以下三个方面的特点。

（1）充分认识到团队管理的重要性。团队管理知识和团队管理能力是教师团队建设亟须补上的重要一课。长期以来，许多学校的管理人员都是因教学成绩突出而从教学的岗位上"选拔"的，不少管理人员身兼教学和管理两职。所以，很多人没有学习过管理学知识，没有接受过现代学校管理培训，其管理知识和能力常常是在对班级管理、教研组管理中摸索出来的，或是在观察和模仿本校或其他学校的管理人员的过程中形成的。如果不进行学校管理学等方面的针对性培训，学校各类教师团队建设就难以突破传统"瓶颈"，卓越教师团队的内部管理更是无从谈起。

专业化的管理对于卓越教师团队的建设和发展尤为重要。在团队管理中一些常见的问题，如团队管理缺乏科学规范、团队工作缺乏流程设计、成员之间相互支持不足、成果缺乏及时交流，乃至内部意见冲突的解决、知识产权纠纷的处理、不同工作绩效的激励，都需要以现代管理方式随时随地跟进处理。从某种程度上来说，管理代表着效率，管理成效决定团队发展的未来。

（2）注重基于成员特长的分工合作。由于每个成员的研究方向、专业特长不同，研究能力各有差别，所以卓越教师团队需要"知人善任"，把人才放在最需要而又最适宜的位置，这样能使每一位成员都能最大限度地发挥自己的潜力，形成卓有成效的分工合作。

但是，有些一般的教师工作团队，分工相对简单，教师角色比较单一，在教研活动或科研活动中只存在演讲者和倾听者、工作任务布置者和工作任务执行者、团队领导者和被领导者等，这种方式在以往由新老教师组成的"学徒制"团队中，或类似"教育工业化"环境中是简便可行的，但对于卓越教师团队建设却存在严重不足。现代团队（组织）建设理论要求卓越教师团队基于成员特长进行精细分工，基于共同目标实现精准合作。特别是在创建学习型组织（团队）、创新型组织（团队）、学术型组织（团队）的探索实践中，要注意改变传统的团队运作方式。

（3）建立富有特色的长效发展机制。每一个学校都有自己独特的发展历史、学校文化、特色教育资源，如果不顾自身条件，盲目照搬其他学校的卓越教师团队建设经验，极易造成"千校一面"，失去卓越教师团队建设的价值和意义。因此，不同的学校应当根据自身实际，制定真正符合本校发展需求的卓越教师团队长程发展机制。

二附中除了拥有一批本校的名师带教，还拥有华东师大专家学者的教育资源。因此，二附中建立了名师团队带教机制和华东师大专家团队指导机制，为卓越教师团队的不断发展壮大提供了强有力的支撑和保障。成长为历史学科名师之后，周靖老师同样对历史教研组团队的年轻教师给予热情有效的指导和帮助。她在总结中这样说："起初我比较注重培训形式的多元化，即通过专家讲座、教学展示、学术交流、社会考察等，让学员拓展视野、提升自信、积淀内涵、开发资源。随着对基地培训认识的不断加深，我将重心放在了培训课程的建设与引领辐射的模式探索上，试图以课程开发提升学员学科育人的素养与能力，以引领辐射思考基地培训延伸的路径与方法。而如今，我更关注理性思考与实践创新互动的学科德育学者型教师培训机制的顶层设计，即建构基地的培养机制、转化机制和辐射机制，并力求使三大机制互为渗透、相辅相成，以此推动基地学员、高中学生、学科教师之间科学有效的联动。在此基础上，聚焦学员的个性，从科研能手、教学能手、命题能手三大方向出发，我为每一名学员量身定制发展目标，以便在培训中既侧重整体又兼顾局部，让基地的每一个个体都能光彩夺目。"

二、培育卓越教师团队特色

卓越教师团队成熟的重要标志，是在其建设和发展过程中，由最初具有一般的团队特征，发展成为具有一定影响力的团队特色，最终形成富有教育教学领导力、影响力和辐射力的品牌特色。如何培育和形成卓越教师团队特色，仍是学校改革发展所急需解决的重要问题。

（一）教育教学团队特色

学校特色是学校办学理念、社会形象、文化影响和美誉度的综合反映，体现在学校课程、教师团队、校外实践等方面。

要建成一批"遍及人文、社科、理工、艺体等多个领域"的"特色课程体系及实施体系"，需要特色教师团队共同努力。《上海市推进特色普通高中建设实施方案（试行）》从教育教学层面对教师团队提出了明确的要求：其一，学校拥有一批专注特色培育的专兼职教师，并形成稳定的实践团队；其二，学校拥有一批支持特色课程发展的特色教师队伍；其三，学校在教师研修中关注特色发展所需的相关教师素养的培训，不断提升全校教师与特色教育相关的素养和技能；其四，学校拥有完善的教育科研组织机构和机制，通过研究提升特色的内涵品质，拥有特色教育相关研究课题和成果，并能在市级层面具有一定的示范引领能力。特色学校建设、特色课程建设、特色教师培养等将为学校教育教学品牌的创造和培育奠定良好基础。

学校教育教学特色的创造与培育，与卓越教师及其团队的培养和发展是相辅相成的。加强教育教学特色建设，能够进一步深化学校特色发展，提升教育教学质量，促进学校教育创新，增强学校的影响力和美誉度。

（二）卓越教师团队特色培育的原则

卓越教师团队特色和学校其他方面特色一样，是学校整体特色的重要组成部分。卓越教师团队特色和学校其他特色的不同在于，卓越教师团队特色以人的群体（团队）发展为核心。因此，卓越教师团队特色的培育应坚持以下四个原则：

1.目标导向原则

卓越教师团队特色的培育，首先应与学校办学方向相适应，与学校中长期发展目标相吻合。特色是经过长期努力和探索而锻造成的，不可能在短期内一蹴而就，因此应强化持续培育、长期建设意识，紧紧围绕学校建设愿景，增强团队特色建设的方向感、目标感，使团队特色建设成为学校整体发展战略的重要组成部分。

2. 文化导向原则

卓越教师团队特色的培育，应与学校文化特色、学校文化氛围相协调。学校文化是师生在长期教育实践中所创造的，反映师生共同的信念和追求，是学校精神的体现。团队特色的创造和培育理应成为学校文化建设的一部分，而不是游离于学校文化主流自成一统。以文化建设的理念培育卓越教师团队，使教师团队身受文化熏陶，感受到人文关怀，能够有效增强团队的凝聚力和归属感。

3. 人才导向原则

卓越教师团队特色的培育，应以学校自身人才为主，发挥学校优秀人才的引领和示范作用。在教育改革过程中，常有个别学校感觉人才数量不足，喜欢"借力"发展、"借人"组团，这种做法短期内确实能够产生一定的效果，但不利于学校团队的长期发展，一旦合作终止，特色的归属等问题常常接踵而至。团队特色应坚持自主培育，将特色建设与团队发展有机结合起来。

4. 资源导向原则

资源是团队特色建设的保障。很多学校都有自己独特的资源优势，如历史传统、文化特色、特色教师、信息技术。从外部资源来讲，有的学校身居高新技术开发区，有的学校是大学的附属中学，有的学校所在社区内有博物馆、科技馆、研究所等，也是学校应充分挖掘的促进团队建设的各类优质资源。即使是农村或山区的学校，周边的自然生态环境也是可以依托的特色资源，可以为团队特色建设服务。

（三）卓越教师团队特色培育的路径

卓越教师团队特色的培育路径是多元多样的。即使同一学校，不同学科、不同项目的卓越教师团队选择的培育路径也会有所区别，因此选择符合自己

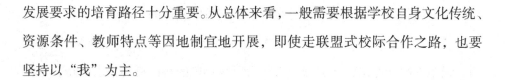

发展要求的培育路径十分重要。从总体来看，一般需要根据学校自身文化传统、资源条件、教师特点等因地制宜地开展，即使走联盟式校际合作之路，也要坚持以"我"为主。

1. 特色积淀的传承路径

有不少学校，在长期办学的过程中积累了良好的办学传统，形成了某一门学科或者某项管理的特色，逐渐发展延续，形成了一支卓越的教师团队。二附中的某些学科团队和学生管理团队便是如此。二附中的物理教研组从建校开始，就以陈延沛（上海市首批物理特级教师）为首并由多位学有所长的青年教师组成，他们锐意进取、敢于改革，取得很好的教学效果，持续至今。华东师大二附中的物理教学无论在国内国外的竞赛方面，还是在面向所有学生的基础课程教学方面，都达到了国内一流的水平。无独有偶，与二附中结成教科研联合体的张江中学和香山中学校情各不相同，其中张江中学体育特色的形成，依靠了一批体育教师长期以来创设的以田径运动为主的训练特色，逐渐成为上海市体育特色学校；而另一所特色学校——香山中学，是从美术教学着手，加强了美术教育，逐渐形成了美育的特色，进而形成了"以美育人"的办学理念。这三所学校特色虽然各有不同，但都是经过特色的传承来打造一支卓越教师团队的。

2. 资源整合的创新路径

卓越教育的特色培育，也需要整合各种资源，不仅包括校内的资源，更要广泛地吸纳各种社会资源，为提升和打造卓越教师团队特色提供支持。校内资源主要指的是教师人力资源，例如要特别关注有专业特长的教师，发挥这些教师的作用。例如，有些学校发展艺术与体育特色，往往取决于校内有没有有志于推动艺术、体育特色发展的教师资源，擅长合唱指挥的教师有可能培育出一支出色的中学生合唱队，有足球训练能力的教师有可能推动了校园足球运动的发展。除了校园资源以外，对校外资源的整合更为重要。二附中的科技创新是学校一大特色,在组建这支教师队伍的初期,主要都是校内教师参与,并且摸索如何指导学生进行科学研究和科技制作等活动。随之以后,很多教师开始向大学教师请教或者寻找相应的科研机构请求支持,学校领导也非常重视开发社会科技资源来支持科技指导教师团队的建设。经过一段时期的合作,多所大学和多个科研院所以及上海科技馆等场馆,都与学校建立了密切的联系,不仅让学生的科技创新活动开阔了视野,而且对二附中科技指导教师们的专业成长和指导能力提升有了很大的帮助。

3. 集群发展的合作路径

学区化集团化办学,主要是将办学优质学校与自主发展能力相对薄弱的学校,或者与大型居住社区公建配套的新建学校等结成办学联合体,通过学区化集团化办学的组织形式,形成资源共享、集群发展、形成创新的办学新格局,从而整体提升区域学校教育质量与办学水平。集团化不是将集团内的优质教育资源稀释,而是通过多种形式的合作,使集团内的优质学校在充分发挥辐射作用的同时,能够向新的高度攀升,并使集团的整体教育水平都能达到甚至超过原有优质学校的水平。

2012 年起,华东师大二附中紫竹校区落成,学校形成了"一校两区"的格局。实际上,二附中的紫竹校区有较多的新进教师,但是他们在二附中老教师的带领下,传承了二附中"追求卓越、崇尚创新"的办学理念,传承了教学、管理、科研等方面的优秀经验,使得紫竹校区教学质量迅速提升,学生各项活动开展有序,特别是在科技创新活动方面取得了突出的成绩。同样地,二附中在华东师大基础教育集团中也发挥着辐射作用。集群化办学的实践过程不仅没有稀释教师资源,反而对二附中一些卓越教师团队的特色发展提供了很大的"反推"作用。

4. 深度觉醒的科研路径

过去学校科研没有受到应有重视,主要存在三个误区:一是因为"教学本位"观念影响深重，使教师只重教学，把精力集中在课堂教学方面；二是因为不少教师还不清楚学校科研的作用，常常发出"基础教育科研有什么用"的疑问，没有充分认识到学校科研的价值和作用；三是一些教师认为基础教育科研力量单薄，教师只要听从工作布置、政策安排，或由高校教师来研究问题，基础教育阶段教师完成教学就可以了。这些认识导致基础教育研究成果常常表现为经验总结或浅层次问题探析，无法充分体现我国基础教育改革发展所取得的丰富重大成就。

卓越教师团队的科研，是教师群体科研意识深度觉醒的表现。其表现为教师对教育价值、教育使命的深刻认识，对合力解决教育教学重大问题的攻关意识，对高层次教学境界和前沿性教育教学成果的积极追求和充分表达。科研为学校教育教学解决问题、探析路径、引导方向，是学校永续发展的重要"引擎"。教学和科研，如鸟之双翼、车之两轮，不可分割。在很多学校，教学和科研是两个团队；而在有些学校，教学与科研融合为一个团队。从学校管理实际看，目前学校科研呈现教育教学研究、德育研究并存的局面。

在德智体美诸育融通的教育改革发展过程中，卓越教师团队特色的培育日益呈现综合研究趋势。即以科研意识发现教学问题，以科研方法解决教学问题，思考问题的育人功能和育人价值，再将解决方案应用到教育教学中去，形成"实践—理论—实践"的循环过程。在此过程中，以不同领域、不同学科形成的项目、课题为纽带，有利于培育形成学术型、创新型、研究型、专家型教师团队特色。

第三节　卓越教师团队的构成与行动

卓越教师团队的构成是复杂和多元的。一所学校的教师团队构成的复杂程度是该学校卓越程度的重要表征。就华东师大二附中而言，教师团队存在多种类型、多种形态和多种功能，承担了多种多样的教育教学任务。以下我们将对二附中的"八大教师团队"逐一进行剖析，以深入探究卓越教师团队的构成。

一、德育教师团队

华东师大二附中是一所负有"为国育才"强烈使命感的学校，坚持德育为先，面向全体学生，着力提高学生的社会责任感、创新精神和实践能力，培养学生具有社会主义核心价值的现代公民素质，为学生未来的成人成才打下坚实的品格基础。同时，学校一再提倡"全员德育"，强调"人人都是德育工作者"，所以，德育教师团队的构成最为复杂，德育教师团队实际是一个"团队群"。

以学生发展中心（学生处）为核心的德育管理团队整合了年级组、班主任、团委学生会、心理健康、卫生保健和宿舍管理等部门，是一个促进学生全面发展的团队力量。学校多年来一直是"上海市中学生行为规范示范校"，有一套相对完善的德育管理制度。德育管理已经是有社会影响力的"品牌"，例如原校长何晓文、戴立益以及现任校长李志聪领衔了上海市中小学学校德育管理实训基地，将学校德育管理的理论和经验向全市辐射。

为了推动教学与德育的有机结合，学校在2004年成立了"学科德育"研究团队，首先在理科教学中探索如何体现德育价值。"学科德育"研究团队包括了校领导、科研室、教研组的相关人员，并于2006年出版了《学科德育的探索与实践》一书，收录了30多位教师的研究报告和教学体会。在此基础上，学校还组建了面向全市的上海市物理、历史、地理、科研、创新教育等学科的德育实训基地，在不同的学科领域开展学科德育的研究，出版了《学科德育研究》《育德行为机制研究》《德育引领创新》等一系列成果。

为了实现"德育课程化"的目标，德育教师团队还构建了德育类课程体系。德育校本课程分为四大板块、三大系列。四大课程板块为学科德育板块、德育活动板块、德育专题课程板块和综合实践板块，每一板块的课程又分为必选和自选两个项目。三大系列则根据学校德育的总体目标,进一步将课程的具体目标划分为人格养成系列、人生技能系列和文化拓展系列。人格养成系列课程包括"我与大家""心灵捕手"等健康心理类课程,"中国特色社会主义理论""国内外时政热点问题"等公民意识类课程,"爱与感动""幸福密码"等随感品质类课程;人生技能系列课程包括"生理基础""我的生涯我做主"等自我认知类课程,"口语交际""沟通技巧"等人际交流与合作类课程,"领导素质与领导力"等决策力与领导力课程,"青年理财"等社会适应类课程;文化拓展系列课程包括艺术审美类、中华文化类、国际视野类等。

为了推动华东师大二附中的德育创新,德育教师团队还进行了学生自我管理模式的探索,建立以"自觉、自律、自强"为主线的"自主教育"模式。德育教师团队指导学生自主设计德育方案和自我评价系统,形成了学校晨会、学生讲坛、学生电视台、广播台等多位一体的学生自我教育的渠道。在两届团学联干部的努力下,编写了"校园生活指南",其中包括校园文化篇、学习设施篇、学业发展篇、校园服务篇、能力成长篇、娱乐生活篇、宿舍生活篇、校园秩序篇,成为二附中学生学习生活的"百科全书"。

德育教师团队还包括"导师团队"。这是面对学生生涯规划设计、学校实行"全员导师制"后组建的新团队,他们的任务是发挥"价值导航"和"学习引领"作用。导师不仅关注学生的学业,更关心学生的学业规划、心理疏导和人生设计,定期或随机地个别谈心和交流,缓解学生的学习压力和心理困惑,让学生明确自己的近、远期目标,促进学生健康成长。这个团队根据学生在不同年段所呈现出的不同特点展开分层服务,例如高一主要是帮助学生调整心态、调整学习方式来适应高中生活;高二则是从自我成长的角度为学生的能力发展搭建平台;高三则更多提供心理健康咨询和生涯发展规划的服务。此外,这个团队还致力于构建学校、家庭、社会一体化的格局,不仅服务学生,也服务家长,帮助家长掌握一些心理常识,了解学生青春期心理发展的特点和规律,给孩子以良好的行为示范。

华东师大二附中还有一支特殊的德育教师团队，即学生党建工作团队，由时任学校分管学生工作的党委副书记蒋建国老师和一些党员教师构成，主要负责学生的党史党建教育，并组建了"晨晖党章学习社团"，形成三级培养制度。"晨晖党章学习社团"以引导优秀高中生树立马克思主义的世界观、人生观、价值观为宗旨，以贴近时代、贴近社会、贴近青年学生的专题调查研究为主要载体，开展生动丰富、形式多样的社会实践活动，帮助学生树立和坚定理想信念，努力成为追求卓越、志存高远的一流人才，成为中国特色社会主义事业的传承者和接班人。多位中共上海市委领导都曾经回信"晨晖党章学习社团"，亲切地答复学生提出的一些问题，对学生追求的理想信念给以巨大的鼓励。从1985年至今，华东师大二附中已有140多名学生加入了中国共产党，这些学生如今大都已经成为各业界德才兼备的领军人物。

二、课程建设团队

由于课程改革任务的驱动，华东师大二附中的课程建设不断深入，学校课程的建设已经成为常态工作。许多教师具有开发建设校本课程的能力，课程建设团队也呈现出"团队群"的特点。

以学校教务处为核心的课程建设团队，包括各教研组团队、校本课程开发的教师团队、慕课或微课开发的教师团队、德育课程开发的教师团队、大学先修课程开发的教师团队等。这些不同的教师团队担当不同性质的课程开发任务，他们为构建华东师大二附中卓越课程体系做出了重要贡献。

根据学校的总体规划共包括大文化类课程、科学、技术、社会（STS）类课程、荣誉课程、社团活动类课程、德育课程这五大类课程的校本课程体系，先后开发了500余门校本课程，允许学生自主选课，许多教师的课程受到学生的欢迎。2008年在开设选修课程的基础上，有50位教师出版了校本教材，因此一些媒体称二附中拥有"课程超市"。

针对部分学有余力的学生，华东师大二附中在2002年起就推出"荣誉课程",即大学先修课程。2012年年底北京大学推出"中国大学先修课程"的计划，华东师大二附中派出五名优秀青年教师赴北大短期培训后，在本校开设五门先修课程（微积分、电磁学、大学化学、中国古代文化、中国通史），并且组织学生参加北大组织的考试，作为北大自主招生录取的重要依据之一。这项任务探索高中与大学教育相互衔接的内容和途径，满足学生个性化和多样化的发展需求，同时也使更多的教师在自我实现中得到了事业成功的"高峰体验"。

华东师大二附中针对学生特长和发展潜能，构建了"理科实验班""科创实验班""人文实验班""国际课程班"四种类型的特色班级，更需要创设不同的课程以体现不同的培养方向。因此，学校又推动了卓越特色课程的开发建设。以"理科实验班"的课程建设而言，是需要适应物理、化学、数学、生命科学和计算机五大门理科奥林匹克竞赛的需要。二附中相关教师在多年探索教学的基础上，自编了《物理》《化学》《数学》等适用理科竞赛训练的教材，并且由上海教育出版社正式出版，除了供本校卓越学院使用以外，还受到社会欢迎，乃至出版社多次加印再版。"科创实验班"的课程建构更有其特殊性，因为除了共同性的课程如"科学探究方法""实验基本要求""社会调查方法"以外，更需要的是个别指导。这对科创实验班教师团队是一个挑战，需要不断地"跨界"学习。"人文实验班"的课程建构则重视了中华优秀传统文化和国外优秀文学，构建了很多社会调查、社会实践类的活动课程，以扩大学生的文化视野。"国际课程班"必须在完成国内的高中基础课程学业的同时，还要适应国外大学入学考试的需要，开设APC（美国大学预修）课程，如"微积分""统计数学""美国历史""人文地理"。这个课程团队的教师运用AP教材进行教学，对国外课程教材有深入研究的机会，也提高了他们的课程视野。

课程改革中出现一些新问题，教师也会因"问题"而聚集共同研究。例如，当"慕课""微课"的新课程形态出现后，一部分教师特别是青年教师自发参与，在学校支持下开展了"慕课""微课"的课程设计。在运用平板电脑进行课堂教学中，学校也组建了以青年教师为主的团队进行实验教学，一名地理教师运用平板电脑上了《板块运动》被评为上海市青年教师教学大奖赛的一等奖。学校努力推行的"六个百分百"的育人模式，也需要构建课程。在部分教师的团队努力下，编写出《100个必做实验指南》《志愿者活动指南》《社团活动指南》等课程指导文本。这些成果的背后，都是一个个教师团队辛勤工作的结晶。

学校中课程犹如一棵大树，它枝叶繁茂，从主干分枝，纵横交叉。如果把基础课程比作"生命树"的根基和主干，那枝干就是众多可选择的课程；课程大树中的浓密枝叶和斑斓花朵则满足了学生多彩的课程需求；依附着大树的藤蔓和树荫下的草坪，也象征着校外的课程资源。它们组成一个生机盎然的课程大树的生态系统，为培养学生提供最好的环境，同时也为教师团队的发展提供着良机。

三、名师指导团队

华东师大二附中历来重视名师的培养，重视发挥名师的指导引领作用。在60年的办学实践中，学校能持续发展，其主要的原因就是始终拥有一批各学科的优秀教师。华东师大二附中还特别重视名师团队的建设，让名师在团队合作中更加自觉地发挥应有的作用。

2000年，华东师大二附中评选了首批八位首席教师，组建了名师团队。这个团队明确自己的使命，即为全校教师做出示范榜样。他们欣然接受任何老师在任何时间都能推门听课，这项规定也迫使首席教师必须兢兢业业地上好每一堂课。由此，一种珍视课堂生命和关注教学质量的氛围在学校中弥漫。教师们的身边就有"名师"，使得大家感觉到名师不仅"可学"，而且名师也是"可做"的。不可否认，学校自行命名"名师"也会有一些不同的意见，名师们需要自我提高。而且，华东师大二附中的领导也很有气度和担当，2008年在华东师大二附中50周年校庆前夕，华东师大二附中领导班子决定为八位首席教师举行八场教学思想研讨会。这不仅是对首席教师的一种尊重，

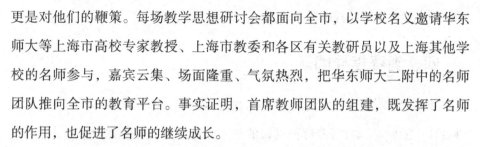

更是对他们的鞭策。每场教学思想研讨会都面向全市，以学校名义邀请华东师大等上海市高校专家教授、上海市教委和各区有关教研员以及上海其他学校的名师参与，嘉宾云集、场面隆重、气氛热烈，把华东师大二附中的名师团队推向全市的教育平台。事实证明，首席教师团队的组建，既发挥了名师的作用，也促进了名师的继续成长。

目前，学校教师队伍由100%的首席教师和特级教师组成的名师团队、40%的各学科骨干教师、50%的青年教师组成的金字塔梯队结构构成。数十位教师被授予市、区级"名师"称号，获得全国、市级、区级园丁奖或优秀科技辅导老师等荣誉。

华东师大二附中支持本校名师担任市、区的名师培养基地的主持人和市、区的学科德育实训基地的主持人。担任这项任务的教师必须承担面向全市或全区的骨干教师的培养任务，但是华东师大二附中领导很支持他们担当这项任务。学校领导相信自己学校的名师担任此项任务，必然会对他们的业务水平有很大的提升，也会在学校中更好地引领自己的团队。校级领导也担当了培训基地的主持人。

现在华东师大二附中形成一种"校门大开"的局面，几乎每天都有基地团队的活动，有全市各校前来参加培训的教师。通过与各校教师的联系，华东师大二附中的教师也得以开拓视野、获益匪浅。

在培养名师团队上，华东师大二附中还支持教师参加上海市或浦东新区的命题、参加市级的教材编写与审查、支持名师参加教育部和上海市的课程标准的制定、支持名师参加各种评审活动等工作，以及担当华东师大、上海师大的研究生培养工作和浦东新区新入职教师的指导工作，从而极大地提升了名师团队的学术视野和学术水平。

2015年华东师大二附中还组建了教育教学指导委员会，这个团队包括所有特级教师、首席教师，属于校级学术核心团队，其任务是发挥名师作用、共谋学校大计，推动学校卓越教育发展。这些名师团队在引领华东师大二附中教师专业发展中发挥着独特作用。

四、奥赛指导团队

1991年，华东师大二附中学生首次在国际中学生物理奥林匹克竞赛中获得金牌，随后，积极培养理科见长的学生并且参与奥林匹克竞赛成为学校的特色之一。1994年原国家教委在北大附中、清华附中、北师大附中、华东师大二附中等四所部属重点中学试办面向全国招生的三年制高中理科实验班，集中在全国数理化竞赛中有突出表现的应届初中毕业生，给予特殊培养政策进行教改试验，并且明确了三个目标：探索对理科学习成绩优异的学生进行教育培养的规律；研究高中与大学教育衔接的有关问题；深化普通高中教育教学改革，为国家培养德智体全面发展和在理科方面具有突出特长的优秀高中毕业生做出贡献。在以理科实验班为重点的教育教学探索过程中，华东师大二附中形成了"科技教育与人文教育相结合""学科课程与活动课程相结合""统一要求和个性特长相结合"的特色，努力把高中理科实验班学生培养成为综合素质优秀、理科特别突出的优异人才。

自20世纪90年代以来，华东师大二附中成立了奥赛指导团队，汇聚校内一批优秀理科教师，以合作的教师团队为载体，以培训课程构建为平台，涵盖了数学、物理、化学、生物、信息五大理科竞赛学科。这支奥赛指导团队，具有明确的团队目标和以团队荣誉为己任的合作精神，是共同承担责任的教师集合体。奥赛指导团队首先提出了"金牌精神"，他们认为金牌固然重要，但是"金牌精神"更重要；无私奉献、团结协作、艰苦创业、自强不息的"金牌精神"不仅成为华东师大二附中奥赛的一面旗帜，更成为整个团队锐意进取、昂首前进的精神动力。

五、科创指导团队

华东师大二附中在普通高中领先开展创新教育，在创新人才培养过程中，学校对普通高中阶段创新人才培养的关键环节和核心因素作了系统研究，结合对以往创新人才成长和发展的特点与规律的调查，提出学校要真正做好"育人为本、德育为先"，必须真正解决创新人格培育这一创新人才培养的"灵魂"问题，即"以德育引领创新"。2008年经上海市教委批准正式创建科技创新实验班，科创班的培养目标为"起点高、基础宽、能力强、会研究、努力培养创造欲"。自2000年起，华东师大二附中始终有学生入选中国代表队参加在美国举办的英特尔国际中学生科学与工程大赛（简称ISEF）并不断取得佳绩，先后有多位师生因ISEF大赛的优异成绩获得小行星命名的荣耀。冉冉升起的科技之星成为这阶段二附中人才培养的鲜明特征。

　　华东师大二附中的科创指导教师队伍首先是依靠自身师资力量组建的。2002年为了适应培养创新型人才的需要，在学校试行百分百学生要完成一个小课题的基础上，需要一些教师志愿加入指导教师团队。最初的指导教师团队有十来位教师参加，其中有生物、劳技、地理、物理、化学教师包括实验员加入，探索如何指导学生完成研究课题。后来，学校加强对科技指导教师的培养，支持娄维义老师在职完成了华东师大生命科学学院博士学位的学习，成为这个团队的领头人。同时学校还引进一些专职的科技指导教师，建立了一支专兼结合、校内外结合的科创指导教师队伍，既鼓励任课教师担任学生的课题指导老师，又广邀高校、企业和科研院所的专家担任学生的兼职导师，形成外延宽泛的创新指导教师团队。为保障创新人才培养方向，学校在"科创实验班"试行双导师制（人生导师＋课题导师）。人生导师负责学生人生发展方面的教育引导和服务，特别是负责学生在思想政治、心理等领域的教育，保证创新人才培养的价值导向、人格基础和心理健康。课题导师主要由本校的科技教师团队担当，学生在课题导师的指导下开展课题研究，要求学生三年内完成一至两个科学研究课题，让学生在科学研究中培育创新意识，获得创新体验，提高创新能力。这个团队已经成为华东师大二附中的特色团队，承担着培养具有科技创新能力和实践能力的学生的重任，支撑着学校科技创新特色的形成。

六、人文教育团队

随着华东师大二附中卓越学院的成立，"人文实验班"同样得到教师、学生和家长的认同。人文教育不仅体现在语文、外语、政治、历史、地理、美术、音乐和体育这些课程中，数学、物理、化学、生命科学、信息技术等这些课程也闪烁着人文精神的光芒。二附中也组建了人文学科领域的教师团队。

由"人文实验班"的任课教师组成的人文教育的教师团队，以"人文实验班"的班主任为核心，共同探讨如何培养学生的个人修养、社会关爱、家国情怀，引导着学生对人的生命存在和人的尊严、价值、意义的理解和把握，对"真、善、美"以及对价值理想的执着追求。他们积极开拓课程资源，邀请大学教授加盟，并且打通语文、外语、历史、政治、地理等文科的壁垒，构建起文科多学科交叉的课程，还定期邀请具备深厚人文素养的著名学者、专家开展系列的人文讲座，既为学生增添人文修养，也提升了教师的人文知识。

人文教育团队对全校其他课程进行了统整，构建了人文综合课程、活动体验课程、文化浸润课程三大课程体系。其以国家课程为主导，夯实知识基础，形成系统的知识体系；以拓展课程为补充，重在解读、赏析中外文学经典名著、现代文学作品，掌握中英文阅读技能；以活动课程为重点，开展以活动为载体的实践和体验课程，通过数字语音实验室、学生自主学习平台、人机互动平台和各种学生社团，开展学科实践活动，让学生在经历和感受中获取知识、运用知识，以达到知识的内化和生成。

七、社团指导团队

丰富多彩的社团活动传承了华东师大二附中长期形成的文化积淀、办学理念和人文精神，给校园文化建设带来了生机和活力，促进了校园文化多渠道、多层次、高质量的发展。学生社团活动有利于把学生吸引到自主发展的道路上，培养他们健康向上的精神风貌。社团的建设是强有力的群体力量，处于社团之中的学生，在社团的成立、发展过程中，关注身边的人、事、物，形成群体团队意识，促进学生在走入社会前，在校园生活中体验与他人的交往和联系，为他们成为"卓然独立"的精英人才打下扎实的基础。

以团委为核心的社团指导团队秉承了二附中多年的优秀传统，在社团活动时间积极为社团进行指导，锻炼学生能力，打造一个个过得硬的品牌学生社团，涉及了科技创新类、学习研究类、文艺体育类、社会实践类等各个领域，如模拟联合国、赛智、JA 公司、方舟文学社。与其他团队不同的是，社团指导教师是由学生聘请，而不是由学校指定的，也不是教师自我决定的。学生在组建社团时，会邀请他们认为合适的指导教师，有的指导教师的学科特长是被学生充分了解的，例如哪位教师在古文阅读方面非常有造诣、哪些教师在理化实验方面很有研究、哪位教师擅长天文观星、哪位教师旅游经历见多识广，他们都可能成为学生社团的指导教师；还有一些教师有爱好特长，例如擅长书法、篆刻、油画、太极拳的老师也会被邀请为学生社团的指导教师。这些教师"受命"于学生，扮演着学生"同伴"的角色，成为一支很独特的社团指导团队。在学生社团节到来之时，教师们也参与其中，展示学生社团的成果和风貌。

八、国际教育团队

华东师大二附中的国际部创建于 1999 年，是经上海市教委批准设立的招收 12~18 周岁的外籍学生进行初中、高中学历教育的五所公办国际部之一。二附中国际部不仅是国家汉办（全称国家汉语国际推广领导小组办公室）的汉语国际推广基地、HSK 考试基地、国务院侨办下属的华文教育基地，同时也是 AP 学校、SSAT 考点、剑桥大学优秀生源遴选基地等。2015 年，二附中国际部紫竹校区正式招生，实现了"一部两区"跨越式发展。

以国际部为核心的国际教育教学研究团队，集合了国际部和本部国际课程班的优秀师资，他们致力于构建中外交融的课程体系，既保留了二附中教学的传统特色，又引入了国际先进的教育教学理念，促进学生国际竞争力的提升。国际部以"中西合璧"的课程和教学为特点，注重学生综合素质、基础知识、外语能力、创新能力协同发展，旨在培养立足中国、具有国际视野的未来领袖人才。

首先是注重在本校课程中融入国际教育元素，充分发挥二附中在多年办学过程中积累的课程建设优势。尤其是对照国外相当于高中程度的理科课程，为改进本校理科教学提供了一些参考性的思路。其次是努力融合国际 IB 课程、美国 AP 课程，构建较完善的国际课程体系，运用于"国际课程班"的教学。2017 年"国际课程班"的学生全部进入美国等地的名校。

学校对这支教师团队加强了海外研修，组织教师参与美国大学理事会（College Board）主办的 AP 管理教师和学科教师培训，开展与发达国家和地区国际课程教师的深度合作，使一批中青年教师逐渐成长为通晓中外文化、能进行国际教育实验的生力军，为国际课程教育体系的建设提供有力支撑。

这支教师团队在学校的对外文化交流中起了重要的作用。一是在国际部教学中加强中华民族文化的教育，除了开设有关课程以外，还经常组织外籍学生外出游学、参观访问，让这些在中国长大的外籍孩子对中国和上海拥有完整美好的印象。二是完成每年暑假或寒假由国家汉办、侨办安排的外国学生的短期访学项目，累计接待了几十批近两千名学生。三是完成各类"HSK"考试，为参加考试的各位外籍人士提供良好服务。四是加强本校学生的国际理解教育，组织好本校学生接待好外国朋友参观访问与对外交流。

纵观这八大教师团队有以下特点：

一是教师团队依据任务而生成。课程教学改革越深入、学校教育职能越丰富，所需要的教师团队便应势而生。所以，教师团队的构成反映了一所学校卓越发展的程度。

二是有的教师团队的构成呈现出"团队群"的现象。例如"德育教师团队"

会根据不同时期的不同任务重点派生出新任务下的新的团队。"课程建设团队"同样也是随着学校长期不断深化的任务而调整，在不同部门或不同时期，会有不同的团队承担不同的任务。

三是教师团队之间不仅人员会有重复，任务也会有交叉。例如"国际教育团队"也具有"课程建设"的任务。在学校的团队中，有不少教师是参加多个团队，表明教师的责任与任务也多是多元的，教师的教育经历丰富更有利于促进他们的专业成长。

以上八大团队尚未包含常规的"教研组团队"和"年级组团队"，也还有一些团队并没有列入其中，例如"科研教师团队"，因为科研任务都是与教育教学任务相关联的。这些团队是共同成长于二附中这个教育发展共同体中的"细胞"，他们相互依存、相互促进、共同成长，这无疑是一种教育生态的共生关系：一方为另一方提供有利于生存发展的帮助，同时也获得对方的协同支持。从生态系统视角而言，任何有机体与新的生物群体的融合共生是地球上发生的进化过程中最重要的创新来源，形成了一种相互依存、和谐统一的命运关系。二附中这一教育发展共同体各群体之间正是这样一种共生关系，其各群体内部也不断发生着类似于生物进化般的更新与发展。教师团队的发展，促进了学校的教育生态共同体内部的共生关系，这些教师团队之间相互联系、彼此影响，同呼吸、共命运，共同营造了这个充满魅力的教育文化气场。

第四节　卓越教师团队的建设策略

一、卓越教师个体性发展策略

卓越教师区别于一般的好教师，他们除了关注教学实践中的具体问题、出色地完成好教学任务以外，还善于在课程教学改革层面发现问题、研究问题，并能把研究转化为教学实践，最终还能形成研究成果，如完成课题报告、撰写论文甚至出版论著，起到带动其他教师的积极影响。而且，卓越教师会持续地关注专业发展，能把研究系统化，成为专业精深化的标志，从而形成自己的教育思想和教学风格。卓越教师个体发展是卓越教师团队建设的基础条件，没有卓越教师个体的引领作用，则难以形成卓越教师团队。所以，学校要高度重视卓越教师个体的培养策略，为卓越教师的脱颖而出搭建多样化的平台。

（一）成果展现策略

重视卓越教师成果展现的策略，既扩大了卓越教师的学术影响，也提升了卓越教师成长的信心，是一项有成效的发展策略。其一般包括三种形式：基于课题研究的成果展现；基于项目管理的成果展现；基于学术自觉的成果展现。

1. 基于课题研究的成果展现

中学教师的课题研究主要是围绕教育教学工作中需要解决的问题展开，目的是反思和改进教育教学工作。一般而言，其总是从自发或自觉的个体研究开始。某些教师在不断学习、反复研究和反思总结的过程中，专业化水平和能力得到很大的提高。其实绝大多数的中学教师都有良好的主观愿望：渴望成为一个优秀的教师，具有良好的专业素质，胜任教育教学工作，做一个深受学生爱戴尊重的优秀教师，乃至成长为名师。学校要激励教师树立这样的愿望，同时也要具有帮助教师实现自身追求的措施。鼓励教师通过教育教学研究提升自己的专业水平，并搭建课题成果展现的平台，这是一项有效的策略。

教师自发或自觉地进行课题研究，对于学校全面推进素质教育、深化课程改革、提高教学质量有重要意义。好学校要由一大批业务素质精湛的教师队伍来支撑，加强课题研究既有利于提升教师队伍整体素质，促进校本教研的深入发展，也有利于增强教育教学的有效性，促进学校教育质量的提高。然而，一般教师对课题研究普遍有畏难情绪，认为课题研究高不可攀，缺乏研究思路和方法，尤其是选题容易"大而空"，课题研究处在一种"被动"和"无奈"之中。而卓越教师的专业敏感度和思维前瞻性，使得他们常常能够"小中见大"，自发地、自觉地提出针对实际问题的课题，而且基于他们对专业的热爱，能在研究中得到乐趣，也能持之以恒地坚持下去。因此，学校不仅应该积极鼓励教师开展课题研究，调动教师参加教学研究的积极性，引导教师走上研究之路，尽快提高教师尤其是中青年教师的教学专业化水平和能力，而且更应该创设促进学校科研的氛围，为教师研究创造一个良好的环境和条件，从而加快教师专业化进程。常见的情况是，教师的科研成果一经发表，也只用于教师晋升职称，很多研究成果并没有得到推广。因此，学校搭建教学成果展示平台则不失为一种有效策略，使好教师的研究成果得以分享。

学校可以通过多种途径为教师建立发表研究成果的平台：可以通过学校的校园网，其中设置教育教学研究专栏，鼓励以各种正式的、非正式的形式发表见解；可以通过学校期刊的研究专栏，鼓励教师以论文形式发表卓见；可以通过开设教育教学沙龙，鼓励教师们交流；可以通过设置大型论坛，邀请市、区教育部门甚至扩大到全国范围内的一些学校参加，通过教师的研究成果弘扬先进的教育教学理念和教学范式等。与此同时，这也是对卓越教师专业成长最好的肯定与激励。教师拥有这样的平台，就能更积极地投身于教育科研中，在研究、交流、碰撞中，完成向卓越教师的转化。

2. 基于项目管理的成果展现

项目管理这个称谓最早出现于企业管理中，是针对某一目标任务，通过整体规划、组织实施、有效监控下保障任务完成的系统管理方法。近年来在学校发展过程中，出现了许多改革性质的项目，这些项目的完成不仅形成了一些有价值的成果，而且也打造了卓越教师和他们的团队。

项目管理全过程需要分析任务性质、主客观条件和实施的理论依据与实践方法。一个项目的完成不仅需要对项目内涵进行剖析和研究，还需要很强的实际操作能力与专业管理水平。随着基础教育改革不断深化，学校面临的全新的项目任务越来越多：校本课程的开发、研究性学习的实施、学生社会实践活动、教师全员导师制等项目，都需要教师投入其过程。学校可以把项目实施作为培养卓越教师的策略之一，让他们在完成项目的同时，不断提高自身的教育教学水平和管理能力。

例如，有的学校提出开发"微课"的项目，有的学校推进运用 iPad 探索师生互动教学模式的项目，也有的学校开展学生"游学旅行"项目，都需要教师参与并担当起具体工作。项目执行过程也是对教师的培养与锻炼，而项目的成果也需要有展示的平台，例如全校的公开展示、专题的项目报告，对教师的成长是一个极大的激励。学校要明确项目成果的分享者，确认各位教师在项目中的具体责任与成果，这是对教师的付出所给予的必要肯定。

3. 基于学术自觉的成果展现

提及学术成果，一般教师都习惯于仰望视之，感到高不可攀。就中小学教师而言，学术可以被理解为一种学识、一种主张、一种系统专门的学问或能力。学术成果虽然有大小之分，却没有限制进出的门槛。与之相应，学术成果的展现也呈现出多样化的平台，除了一般的专著以外，也还有创建微博、建立公众号、设立随笔专栏、编写校本教材，进而再著书立说等。

作为一名卓越教师，学术追求是必需的。民国时期北大校长蒋梦麟先生曾经这样讲过："学术者，一国精神之所寄。学术衰，则精神怠；精神怠，则文明进步失主动力矣。故学术者，社会进化之基础也。"今天，我们仰而望之的许多大师都曾经是一名普通的中学教师，例如陶行知、朱自清、沈从文、叶圣陶、丰子恺，他们是经历中学教师才成为教育家、大文豪和艺术家的。

当今还是有一些教师努力地走在学术研究的路上，这可以被认为是卓越教师区别于普通教师的一个重要标志。他们眼界开阔，正因为开阔的眼界，才能敏锐地发现问题，抓住契机，从而主动参与和积极引领学校的教育改革；也正因为站在教育改革前沿，他们会对学校的发展和教师的成长产生良好的影响。当然，前提条件是他们都是学养丰厚、经验深厚的人群。

卓越教师更愿意接受新的理论，学习新的知识，且与他们的年龄多大无关。对他们而言，教书从来不是简单的重复、循环，每一天都有新发现，每一课都可以尝试新变化。最重要的是他们读书不倦、思考不怠、笔耕不辍，能时刻记录下自己的感悟、困惑、质疑……这样的学术自觉建立在对高远的教育理想的追求上。卓越教师从来不甘于做教书匠，他们厚积而薄发，最终，他们在长期的一线教学经历中积累了丰富的实践经验，又有先进的理论指导，在"教""养"的双重滋润下，完成学术专著只是水到渠成的结果。比如，华东师大二附中的语文首席教师魏国良，其专著《高中语文教材主要文本类型教学设计》，只利用一个月就完成了编撰。但是，这些教学设计却是魏老师长期致力于语文类属化学习的理论与实践研究的结果。对于卓越教师的学术成果，学校必须予以大力支持并且弘扬这种学术追求的精神。

（二）品牌效应策略

品牌是一种识别标志、一种精神象征、一种价值理念，是品质优异的外在体现。培育和创造品牌的过程是不断创新的过程，学校有了创新的力量，才能在竞争中立于不败之地。毋庸置疑，卓越教师可以被视为学校层面的一个重要品牌。品牌具有社会效应，所以，作为卓越教师的品牌需要超越校内平台，学校要让自己的优秀教师在更大的范围内担当重要的教育任务，使之产生广泛的社会影响。

1. 担当各级名师培养基地的导师

上海市基础教育的名师培养基地始于 2003 年浦东新区教育局先行的一项

举措，即为一些教有所长并且成果卓著的优秀教师授予以个人命名的名师培养基地，希望他们不仅在自己的学校影响深远，而且能指导和提升整个浦东新区的教师尤其是青年教师的专业成长。最初，浦东新区教育局任命华东师大二附中的语文、生物、数学、地理、物理五个学科培训基地。之后，上海市教委建立了基础教育系统的"双名工程"，即名校长、名教师培养基地，至今共举办了三届，同样突出导师的个人影响力进行系统性的培训，二附中又有四位教师担当重任。华东师大二附中的领导并不认为学校名师担任市级或区级的培训任务会影响他们的精力或者会影响他们的工作，恰恰相反，学校领导具有宽阔胸怀和远大目光，支持他们申报担当市级和区级培训基地的主持人（导师），这也是为教师卓越成长提供了校外平台。继而，上海市教委为了加强学科德育的研究，又组建了市级学科德育实训基地，其中二附中的主持人（导师）包括原校长何晓文、戴立益和现任校长李志聪在内的七位名师。在这些任务中，主持人需要深刻把握本学科教育改革的总体要求，了解国外教育改革动态，并针对基层学校教师的特点设计整体性、系统性的培训方案，循序渐进地指导那些经过选拔参加培训的学员，使他们不仅在课堂教学方面，还要在教育技术、课程开发、学科德育、活动设计等方面皆获得提高。最终，许多基地出版了专著或论文集，不仅为上海市和浦东新区培养了一大批骨干教师，同时也有力地促进了自己学校的卓越教师培养。

这种以个人命名的培训基地本身就是高度重视卓越教师的个人品牌，学校鼓励卓越教师担当重任，使得卓越教师对自身有更高的目标追求。

2. 建立名师工作室

这里所指的名师工作室有别于市、区的名师培训基地，主要是指一些学校自己任命挂牌的优秀教师工作室。名师的含义可以有不同的层级，有的名师是在省市级甚至在全国获得认可，有的名师是在区县级范围内有很大影响，也有更多的名师是在学校内为师生们所尊重，他们的教育思想和教学经验更多地适应本校特点，在校内具有重要的影响。所以，有很多学校为一些优秀教师或有特长的教师设立"名师工作室"，提供其专业成长的条件，并且要求其在校内带好"徒弟"，或者带领好一个教研组。

学校建立名师工作室，是对这些教师高尚的师德水平、出色的教学能力的充分认可，而且为校内教师树立了学习的榜样。他们因为与本校教师的距离非常接近而容易产生很大的"作用力"，学校领导要善于发现、积极鼓励这样的优秀教师，勇于打出他们的"品牌"。各类不同的学校都要关注与培养自己学校的名师，并且采取各种措施打造他们的"品牌"。

3.培养名师的后备人选

无论是上海市教委建立"双名工程"的名校长、名教师的培养基地，还是各区教育局命名一批学科带头人或区级骨干教师，其目的就是要培养更多更优秀的教师，建立一支名师的后备力量，这已经成为上海市教师队伍建设的重大举措。培养名师的后备人选，也应该是每一所学校的战略性任务。学校一方面要积极鼓励中青年教师参加教师培训，另一方面也要为这些积极要求上进的中青年教师搭建专业平台，例如鼓励支持他们参加各级教学比赛、论文评比，对他们获得的成绩予以充分的肯定。只有长期坚持努力提高自己的专业水平，才能一步一步走向优秀教师的行列。21世纪以来，华东师大二附中的一些优秀中青年教师积极参与到名师培养基地，极大地提高了他们的师德和业务水平，其中有七八位中青年教师还出版了专著，有的成长为特级教师，有的担任了学校领导。这些著作包括施洪亮的《高中生数学创新素质培育的实践与思考》（上海教育出版社，2011年）、娄维义的《基于问题研究的创新教育》（华东师范大学出版社，2011年）、瞿平的《心花开放——班主任的困境与对策》（上海教育出版社，2014年）、孟祥萍的《追寻智慧——思想政治课智慧教学探索与实践》（复旦大学出版社，2014年）、洪燕芬的《基于高中化学实验的科学素养的实践与研究》（华东师范大学出版社，2016年）、王平的《卓越数学教育的理论与实践》（上海人民出版社，2017年）等。

（三）辐射传播策略

卓越教师的研究成果和品牌效应还需经过辐射才能产生广泛而深刻的影响，所以学校还应关注卓越教师的辐射平台，扩大他们的社会影响，同时进一步拓宽卓越教师的学术视野。

1. 鼓励优秀教师承担市区的多种教育任务

这些任务包括教师出任各级名师培养基地的主持人，承担市区教学比赛、职称评审的评委，参与教育部或上海市的课程标准的制定、教材的编写与审查、考试命题与阅卷，还有担任兼职教研员和大学本科生、研究生教育实习指导教师等。

一般而言，学校领导对教师担任社会兼职会有顾虑，担心分散了教师的精力，影响本职工作。其实从长远视角来看，这些兼职任务不仅是对这些教师的信任，而且给这些教师提供了钻研业务的机会，也扩大了学校的影响力。所以，学校对教师承担这些任务应该予以支持，协调好校外与校内的工作关系。华东师大二附中对于本校教师担任这些任务，只要教师本身有能力、有余力，都给以大力支持，因为这是卓越教师大显身手的平台。而这些教师在任务压力下依旧游刃有余，表明自身具有进步的空间。二附中校园文化的大气从容，从不限制教师的向上之心，况且，成长起来的卓越教师形成群体，助推了学校的进步。

2. 支持骨干教师参加各级学术研讨活动

随着基础教育改革的深入，国内各级各类教育学术研讨会不断涌现，还有短期教育培训，这些都是教师提升眼界、开阔视野、交流研究成果的最好平台。这类活动，往往有国内著名教育专家做学术报告，还会有国外教育专家做前沿科学的最新研究介绍，此外也有许多卓有成就的一线教师介绍教育

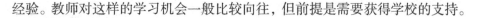

经验。教师对这样的学习机会一般比较向往，但前提是需要获得学校的支持。

参加各级学术会议，不仅可以交流学术研究成果，而且也可以参与学术讨论、发表学术见解。学校可以对教师参加这样的活动提出一些要求，例如要提交论文、参与交流发言、回校后做传达，既促进教师通过学术会议得到锻炼，也辐射了学校的研究成果。

3.支持有经验的教师输出培训和传经送宝

近年来，上海等一些地区探索成立教育集团推进教育均衡化发展，一些优质的学校在集团化与学区化办学过程中，通过委托管理、创建分校、联合办学等方式，传播先进的办学理念和管理经验。在这一过程中，加强集团内或学区内的校际交流便成为各校互相学习的重要内容，而卓越教师的交流在其中发挥着极其重要的作用。

教育集团中领衔学校的优秀教师担当输出培训和传送经验的任务，这对优秀教师是一种鞭策和激励，也是为他们搭建辐射的平台。优秀教师对于自己的教育教学行为常常有一些经验，但缺少深入的总结与思考，面对培训任务，获得重新审视自己教育教学经验的机会，通过学习、思考和重新梳理，逐渐理清自己的教育教学风格，进而传播给成长中的教师群体。可见，辐射经验和输出培训不失为打造卓越教师的一种基本策略。

二、卓越教师群体性发展策略

卓越教师的发展多出于教师个体的自觉努力。但是，从卓越教师个体逐步发展成卓越教师团队就需要形成校本群体性发展策略。卓越教师团队发展的策略既需要"借力"，即借他人之力、借前辈之力、借学界之力，凡可借之力皆可为其所用；也需要"协力"，即目标一致地协同奋斗，以期获得卓越团队影响力的最大化；还需要"合力"，即把卓越教师团体中的个人力量集中起来发挥到最佳状态。

（一）借力发展策略

牛顿曾经说过："我不过就像是一个在海滨玩耍的小孩，为不时发现比寻常更为光滑的一块卵石或比寻常更为美丽的一片贝壳而沾沾自喜，而对于展现在我面前的浩瀚的真理的海洋，却全然没有发现。如果说我比别人看得更远些，那是因为我站在了巨人的肩上。"所谓"借力"，无非就是站在他人或前辈的肩上看得更远。

1.共享教育学者的研究成果

教育研究的成果很丰富，特别是近年来的课程改革拓宽了我们的教育视野，广大教师的教育观念发生了很大的变化，素质教育的理念为教师们所认同，"以学生发展为本""从学习出发"的教学思想为越来越多的教师所接受，课堂教学发生了很大的变化，包括现代教育信息技术的应用，提高了教学效益。这些教育改革，离不开教师在改革中的教学行为的转变。

在课程教学改革中，国内外一批教育专家的研究成果起到了有力的引领作用，包括他们的专著和他们的报告，对教师发展都有很大的启迪作用。教师群体性的发展，必须创造良好的学习与研究的氛围，通过学习教育科研的前沿成果、学习教育专家的专著、学习教育行政部门的教育改革的文件，让我们教师团队站在"巨人"的肩膀上看得更远。

2.共享同行的丰富经验

教师群体性的发展离不开与同行的交流，特别是与本学科优秀教师的互动交流，这是推动教师群体性发展的有效措施。正因为本学科同行面临的任务有共同性，他们的有效经验具有迁移性。除了本校优秀教师以外，其他学校的名师也是重要的资源，要善于跨校学习甚至跨学科学习，善于从这些具有丰富的一线教学经验的名师中获得有益的帮助。尤其在集团化办学背景下，校际的紧密联系为教师群体性发展提供了很大的方便。还有一种"外借"力

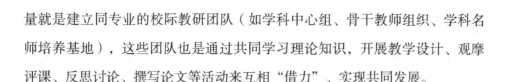

量就是建立同专业的校际教研团队（如学科中心组、骨干教师组织、学科名师培养基地），这些团队也是通过共同学习理论知识，开展教学设计、观摩评课、反思讨论、撰写论文等活动来互相"借力"、实现共同发展。

3. 共享国际教育的成果

自我国改革开放以来，教育领领域中外交流与合作越来越频繁。与国外的教育交流，已经从过去的教育专家教授的层面，深入到中小学教师的层面。国际交流的形式呈现出多样化的趋势：例如，从学校接待外国教育团队来访到组团出访国外学校；从接待外国学生短期访学到派出本校学生赴国外友好学校访学；从学校领导互访到教师出国访问。近几年来，上海市教委和各区教育局，还不断派遣优秀中小学教师出国短期培训；派遣中小学校长赴国外进修（例如多批校长到美国做"影子校长"）；也派出了部分优秀教师作为中国基础教育的专家赴国外学校任教，例如多批上海的小学优秀数学教师赴英国任教、部分中学教师担任国外孔子学院的教师。在上海等城市，由于外籍学生随同其父母在中国工作与生活，孩子需要在中国就学，因此很多中小学接收国际学生并成立国际部。这大大加强了国际交流，使得教育者的视野有很大拓展。对世界各国教育的了解，也增强了我们对本国、本地甚至本校教育的优势与不足进行比较与认识。由于社会背景、历史传统的不同，中外教育呈现很大差异性，家庭教育观念不同，学校教育理念不同，教学方式也有所不同。这对于教师在保持中国教育优秀传统的同时，改变教育的不足之处具有很大的启迪作用。教师拥有不同的教育视野和体验，并对教育进行反思，兼容并蓄，最后形成全球视野的教育观念，这也是打造优秀教师群体的可借之力。

学校应该开拓国际交流途径，包括建立友好学校，让更多的教师了解国际教育发展趋势。这样的教师多了，也便形成了一个具有国际视野的教师群体，研究视角也会扩大，并更深刻地审视自己学校的教育教学，寻找到改革的方向与措施。

（二）协力发展策略

所谓协力发展策略，即充分运用校外的力量来推动卓越教师团队培养的一种策略。

1. 建立学校的专家顾问委员会

华东师大二附中是一所诞生在大学校园中的附属中学，从它成立的第一天起，就受到大学文化的熏陶，得到大学领导和众多教育专家教授的关心指导，使得这所学校获得持续发展的动力之源。2000年前后，当二附中面临东迁浦东的重大决策时，华东师大的专家顾问团对这一重大举措进行了全面论证，为二附中的发展出谋划策。这个专家顾问委员会是由原华东师范大学校长袁运开教授领衔，包括了曾经担任华东师大党委副书记的吴铎教授、副校长江铭教授以及数学、语文、英语、物理、化学、地理等学科的著名专家和二附中首任校长毛仲磐等15位德高望重的专家教授。这个专家顾问团还对二附中的教师队伍建设、现代学校管理、学校课程建设等重大学校发展战略提出卓有远见的建议。因为二附中是华东师大的附属中学，所以享有得天独厚的专家资源。但是，能否利用好校外的专家力量，还取决于学校领导班子的战略眼光。

各类学校都可以利用自身优势和地域特点，吸纳本地对教育有影响力的社会人士，包括当地的教育专家、学科教学专家和资深教师组建成学校的顾问团；也可以利用校友资源，聘请对教育有研究或者在科技领域、人文社会科学领域有成就的校友组成学校的智囊团，听取他们有关学校发展的真知灼见，定期召开关于学校发展的研讨会，吸纳各种有价值的意见和建议。

学校拥有这样一些校外人士组成的专家顾问，对学校的教师团队群体性的发展也会产生积极的影响。尤其是这些校外人士能够从社会发展需求或个人成长经历的视角，提出有关教师专业成长的不同建议，或者直接指导帮助

教师和教师团队的成长，这对卓越教师团队的专业成长具有较大的促进作用。

2. 建立家长委员会

家长委员会由家长代表组成，是构建学校、社会、家庭三位一体的教育体系的重要组成部分，有助于营造良好互动的教育氛围，加强学校与家庭的联系，促进学生在校内、校外的健康成长。在一些学校，家长委员会既有学校一级，也有年级一级，甚至有的班级也通过家长的举荐产生家长委员会（或称为家长代表小组）。

年级和班级的家委会，与年级组长、班主任以及任课教师联系非常密切，能够提出较有针对性的建议，对教师团队（尤其是年级组）的影响非常直接与具体。家委会的意见大多是从家庭教育的视角提出，这对年级组或者班主任了解学生的校外情况有很大价值，也有家长是从不同的社会角色提出建议，这对教师的工作有很大参考意义。尤其是接触学生工作的教师团队，要特别重视与家长的沟通，关注家长的反映，使学校工作思路获得家长的理解和支持，并虚心听取家长的意见和建议。来自家长对学校教育的期望是促动教师树立教育使命的动力，也是推动教师团队成长的积极力量。

3. 搭建校内校外的教研活动平台

一般而言，教研活动多限于校内范围，例如研讨、备课、评课、交流。但是，现在越来越多的学校加强了校际联系，利用集团化、区域化的联动机制，开展了校际的教研活动，甚至有的学校争办区级、市级、国家级的教学研讨与交流活动，还有学校承担了国际教育研讨活动。

就学校而言，把教学研讨与交流扩大到校外，吸纳外校教师参加，既扩大了学校的影响力，也为教师创造交流的平台，促进了教师群体性发展。对教师而言，向外校教师进行教学展示既是压力，又是动力。教师或者教师团队承担了校际教学交流活动的重任，如果校际交流活动成功，教师或教师团队的展示获得好评，则会极大地提升教师及其团队的自信心，使之成为推动教师专业发展的内驱动力。教师在经历了"付出"和"收获"的过程以后，会把"被动接受"任务转化为"主动争取"的心理状态。

华东师大二附中是一所开放度很大的学校，几乎每天都有校外教师来校参加学科教学的交流活动。学校经常配合上海市教委或浦东新区教育局的各级机构，承担各门学科的教学交流活动，组织各级公开课的展示活动，也举行了多次全国性的学术论坛，比如沪港语文研讨会、全国大学附中文化现象高峰论坛。学校利用一些国际交流活动，组织学生和教师与他们举行对话，或者邀请他们走进课堂听课，外国专家的指导对教师团队的发展起到了积极的推动作用，这也是"协力"助推教师群体性发展的策略之一。

（三）合力发展策略

《商君书·画策》云："天下胜，是故合力。"其意为赢得天下是共同努力的结果。卓越教师的团队建设，不能完全停留在个体教师单方面的努力上，需要学校集合多方力量，调动所有可以调动的资源，达成双赢或多赢的局面。

1. 形成优秀教师的合力

任何学校都有一些优秀教师，他们一般在本学科的教学与教研活动中发挥着骨干作用。这些教师任教年限较长、教学经验较丰富、教学成果丰硕，在教师中有一定的威望，对学校的发展和中青年教师的特点有所了解。他们的学术影响力和专业引领作用应受到重视，把这些教师的力量形成"合力"，发挥更大作用，值得探讨。

2015 年，华东师大二附中为了进一步发挥本校卓越教师的整体合力，成立了"华东师大二附中教育教学指导委员会"。该指导委员会系由各学科的正高级教师、特级教师、首席教师组成的学校最高层次的学术性组织，是学校教育教学重大事项的咨询和审议机构。该机构根据学校的教育理念、战略目标与发展规划，为学校教育教学工作提供决策咨询、质量督查，审议相关的重大事项，保证学校重大决策的科学性、公正性和有效性。学校制定了《华

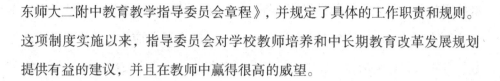

东师大二附中教育教学指导委员会章程》，并规定了具体的工作职责和规则。这项制度实施以来，指导委员会对学校教师培养和中长期教育改革发展规划提供有益的建议，并且在教师中赢得很高的威望。

2. 形成跨学科教师的合力

几乎所有的学校都建有学科教研组，但长期以来，学科之间的联系与渗透比较少。随着课程改革的深入，跨学科项目式的学习方式得到了重视和提倡，也促进了不同学科教师的融合。卓越教师团队的建设需要倡导学科的融合，提倡不同学科教师的沟通与相互学习。这不仅是因为有很多的教育内容，本身具有跨学科的性质（如数学与物理、物理与化学、生物与地理、文史哲学科与中文和外语等学科之间都存在着一些有交叉与关联的内容），而且不同学科的教师在教学理念、教学方式和教学技术方面也都会有共同进行交流研究的主题。尤其当学校构建学校课程、指导学生开展研究性学习、开展学生游学旅行和实践活动时，都需要不同学科教师互相沟通、形成合力，达成教育的目标。教育部在 2014 年印发的《关于全面深化课程改革落实立德树人根本任务的意见》中明确提出"统筹各学科，特别是德育、语文、历史、体育、艺术等学科。充分发挥人文学科的独特育人优势，进一步提升数学、科学、技术等课程的育人价值。同时加强学科间的相互配合，发挥综合育人功能，不断提高学生综合运用知识解决实际问题的能力"，在强调跨学科育人重要性的同时，对卓越教师团队的合力建设提出了要求。

3. 形成青年教师的合力

卓越教师团队的建设必然离不开对青年教师队伍成长的关注。虽然青年教师在教育教学工作上的经验不足，但是他们年轻好学、可塑性强，对专业发展具有非常强烈的愿望。许多学校把青年教师组成团队，使他们能够在这个团队中共同成长，形成合力并且承担学校中具有开拓性的教育教学任务，例如教育新技术的应用、学生实践活动的设计、教育科研课题的研究，通过这些团队可以营造出一种良好的氛围，有利于青年教师的成长。针对青年教师的年龄特点，不少学校组织他们参观访问名校，组织相应的文艺体育活动，激发青年人的热情活力，发挥他们的特长和优势，成为学校中的重要的教师团队。青年教师团队不仅是学校的未来，也是学校卓越教师团队梯度发展不可或缺的有机组成部分。

第四章 基于"名师工作室"的教师团队建设

第一节 名师工作室概述

一、名师工作室的相关概念

（一）名师

名师是在一定时空范围内具有一定知名度、认可度和专业影响力，业绩突出，具有较高的专业素养、教学能力和研究能力的优秀教师。名师可分为校内名师和外聘名师。校内名师是指在本校内教育教学、科研等方面很突出，具有高度的工作责任心、较强的组织协调能力和一定专业影响力的教师。他们是校内的优质教师资源，具有辐射、带动作用，能够传播新的教育教学理念，推动新课程改革，促进教师团队的发展。外聘名师指高校知名学者、省特级教师、学科专业带头人等。他们具有较高的知名度和丰富的教学经验，具有示范、引领作用，能够指导学校名师工作室的建设，引领教师团队的专业成长。名师工作室不仅是学校的重要资源，也是社会的宝贵资源，扩大名师的影响力，使社会教育效益最大化，促进教师团队的专业发展，提升整体教学质量，推动区域教育教学改革与发展。

（二）名师工作室

1. 名师工作室的内涵

名师工作室是由名师和若干同一学科的骨干教师共同组成的"学习共同体"，集教学、课题研究、学术探讨、理论学习和教师培训于一体，对内凝聚、带动，向外辐射、示范，引领教学改革，促进教师专业成长，进而推动学校、区域教育健康发展。

2. 名师工作室的特征

21 世纪初，上海开启了名师工作室先河，之后逐渐向全国推广。目前，许多地方教育行政部门，甚至学校都建有名师工作室，实现了优质教师资源共享，为教师团队的专业发展提供学习、研讨平台，通过实践、研究、服务和发展，以名师促进教师专业发展，培养优秀教师团队。名师工作室将教研、教师培训和科研功能整合起来，具有学习性、示范性、民间性和学术性特征。

（1）学习性。名师工作室是由工作室负责人与入室学习的教师共同组成的"学习共同体"，主要以中小学骨干教师为主，通过"师徒制"形式培养优秀教师团队，因而，也是中小学教师继续教育的重要组成部分之一。名师工作室是由一定区域内的名师引领教师团队专业发展的共同体，为优秀教师共同学习、集体成长搭建了一个很好的平台。每位名师都"学有所长"，在某方面有特长，是某一领域的专家，能够引领、促进名师工作室团队成员的专业发展。因此，名师工作室不是一个"同质性"的群体，每位教师都有各自独特的教学方法、知识结构、思维方式等，而且个人的成长经历和教学经验也不同，他们对教学内容的处理、教学方法的选择、教学情境的创设等存在许多差异。这种多样性和差异性使名师工作室的成员能够优势互补、相互学习，彼此在交流中碰撞出思想火花，不断促进教师团队的专业发展。名师

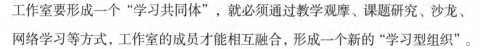

工作室要形成一个"学习共同体",就必须通过教学观摩、课题研究、沙龙、网络学习等方式,工作室的成员才能相互融合,形成一个新的"学习型组织"。

（2）示范性。名师工作室成员的选拔门槛较高、数量较少,通常要经过层层筛选,他们都是某一区域内的学科精英。名师工作室充分发挥"名师效应",为教师专业发展营造良好的学习和实践氛围,创造机会和条件,从而为教师提供学习和展示平台。教师有机会在名师的指导下提升自己,与名师零距离交流,接受新的教育教学理念,开启教学智慧,逐渐形成具有自己个性、独特的风格,成为学者型、专家型教师。而且,名师工作室涉及范围广泛,包括教师职业道德、教学实践技能、课题研究等。

教学名师通常指在某个区域范围内具有一定知名度和影响力、先进的教育教学理念、高超的教学实践能力,一般都是特级教师、有突出贡献或享受国务院政府特殊津贴的专家等。因此,名师工作室要充分发挥名师的示范、辐射作用,实现优质教师资源共享,进而生成新的教学智慧,培养出一批师德高尚、业务精湛的优秀教师团队。一个名师工作室引领一批教师团队的专业发展,这批教师回到各自的学校,又会引领一批本校的教师团队专业发展,有效推动新课程改革,提高学校整体教学质量。由此可知,名师工作室的形成和发展也是发挥各学科名师的示范、辐射作用的过程。

（3）民间性。尽管名师工作室一般是由地方教育行政部门牵头组建,并负责考核、评估,但名师工作室拥有很多"自主权",从成员的招聘、管理、考核,到工作室的具体工作、运作模式等,尤其在成员选拔和管理方面,都由名师工作室自行决定,管理自主、灵活。名师工作室拥有选拔权,根据一定原则和工作室的发展规划,自主选拔、录用成员;同时,还具有评价权,对成员做出过程性评价和终结性评价,对评价不合格者予以调离。所以,名师工作室是一种非行政性组织,大多名师工作室都是以名师姓名或专业特色命名,工作室可以根据实际情况制订发展目标、活动方案等,积极开展各项工作,具有"民间性"特征,拥有很多"自主权",具备灵活性,有助于激发名师在教育教学改革方面的积极性与主动性。

（4）学术性。名师工作室以"学习"和"研究"形式为主，具有学术性。课堂教学是教师专业发展的主阵地。但是，教师不能仅仅局限于课堂教学实践，还要反思、研究自己的教学，从教育教学理念上改变自己的教学行为，特别要坚持行动研究，并使这种研究常态化。

名师工作室的学术引领主要由校外专家或专家团队承担，其中，包括高等师范院校的专家和各级名师以及教研机构的教研员。如果没有外部专家力量，名师工作室的建设以及成员的发展都会受到限制，因为同一工作室内的成员都是中小学教师，他们的活动空间、视野等具有相似性，没有新思想、新内容产生。

名师工作室的学术活动要丰富多彩，既要有常规性的研讨活动，如教学观摩、专题讲座、沙龙、网络研讨、课题研究等，还要主持召开区域性学术研讨会，甚至带队参加全国性学术会议。对名师工作室的成员也要有相应的规定，以督促成员把工作落到实处，有效促进教师专业发展。例如，可规定工作室成员每周写一篇课堂教学反思，每学期写一篇学术论文、参加一次学术交流，结合自己在教学过程中存在的主要问题进行一项课题研究等。

二、名师工作室促进教师团队的专业发展

教师团队是由若干名具备一定专业知识技能的教师组成，他们有共同的教育教学目标，彼此分工合作，共同承担责任，共同分享教育成果的教师群体。教师团队需要符合三个基本特征：拥有共同的事业愿景、参与合作学习及创建共享的资源库。合作学习有利于促进教师团队的专业发展，优化教师团队，增强凝聚力，有利于教师团队建设。从名师工作室的概念及其特征可以看出，名师工作室能够有效促进教师团队的专业发展，有助于教师团队建设。

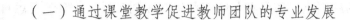

（一）通过课堂教学促进教师团队的专业发展

课堂教学是促进学生发展和教师专业成长的主要途径。因此，名师工作室应以学生的发展为前提，以教师的专业发展为目标，通过教学模式的探索研究，改变教师的课堂教学行为，提高课堂教学效果。

1. 教学研讨

名师工作室教学活动的主要形式有上示范课、听课、评课等。不仅名师工作室的全体成员要上公开示范课，而且名师工作室的主持人在校内或县（区）上示范课，加强与其他工作室成员的经验交流、探讨。评课是听课活动的延伸，通过及时反馈、评价听课内容，在专家和优秀教师的指导下反复"磨课"，执教者及时反思其教学活动，这样有利于工作室成员之间的沟通与交流，共同提高教学效果。因此，名师工作室要求成员定期向工作室网站提供教学设计、教学录像、教学案例等。

通过定期指导备课设计、观摩课堂教学、追踪案例研讨、实施教材分析、说课交流、引导教学反思、跨区横向联合等多种研修活动，促进教师团队的专业发展。工作室成员每年（每学期）至少展示一节优质示范课，或指导青年教师举办一次校级以上公开课。外出学习的，提交学习心得体会、报告等。每学期各成员要提交一份教学设计和教学反思等。

2. 教学反思

每位教师都有自己的特长、独特的教学经验，因此，名师的知识结构、思维方式和教学方法都不相同，具有多样性和差异性。名师工作室应充分利用教师的多样性和差异性，为成员提供一个良好的学习平台，通过"同课异构""异课同构""一课多上""一课多磨"等形式，工作室的负责人和所有成员参与其中进行交流、集体研讨、解决教学活动中出现的各种问题，有效促进教师教学经验的交流和教学思想的碰撞。但是，不能仅仅停留在教学经验交流的层面上，还要在名师工作室专家的指导下，自觉反思自己的教学实践，自觉反思每位名师的教学方法、教学情境的创设等，在交流、评价、反思中提高自身的综合素养，才能形成个性化、专业化的教学风格，促进教师专业快速成长。所以，名师工作室要求全体成员必须撰写教学反思。

（二）通过课题研究促进教师团队的专业发展

名师工作室的主要工作形式是"学习"和"研究"，以教学实践研究为载体，坚持"教学科研一体化"发展模式，注重理论与实践有机结合。一方面，引导教师有意识地将教育教学理论运用到教学实践之中，推动教育教学理论的实践化，使教育教学理论与具体的教学实践相结合。另一方面，引导教师反思、概括和提炼教学实践问题，使教学实践经验理论化。

（1）提高教育教学理论水平。名师工作室是促进教师专业成长的主要途径之一。名师工作室不仅要提高教师的教学实践技能，还要提高教师的教育教学理论水平，这样才能以理论知识促进教学实践改革，使教学实践经验推动教育教学理论研究，促进教育教学改革，进而提高教学质量。

名师工作室的成员应根据自己的实际情况制订读书计划，深入学习有关教育教学理论知识，关注教育改革的最新动态，更新教育教学理念，与自己的教学实践结合起来，撰写学习心得，并在工作室网络平台上相互交流，促进名师工作室的成员共同成长。

（2）引导教师进行教学研究。名师工作室不仅要关注教师团队的课堂教学，而且还要研究课堂教学，关注、思考教学实践中存在的问题。教学研究必须要思考影响课堂教学背后的教育理念和价值这个问题。除了传统课堂教学研讨关注教学设计、课堂组织、教学的优缺点之外，还要求成员发现每节课的优点、缺点、重点、难点的突破、教学内容与目标的统一等。

（3）提升教师的教育科研能力。名师工作室将教学、研究和教师培训功能融为一体，将教学实践问题与教师专业发展有机结合。因此，名师工作室要充分发挥名师的科研特长，引领教师通过自己教学实践中存在的问题进行科学研究，指导教师进行小型课题研究，学会撰写教育教学学术论文，尤其是教学论文的撰写，包括教学设计、教学随笔、案例反思、行动研究等，不断提升他们的教育科研能力。

名师工作室的全体成员应独立主持或参与课题研究，或各成员共同承担某项课题研究。在名师工作室建设期间，要求各成员结合自己的专业发展方向，针对教育教学实践中存在的问题，开展课题研究，每位成员至少完成一项有价值的教育教学课题。名师工作室的导师要跟踪研究课题实施进度、检查阶段性成果、汇编课题研究成果等。

名师工作室还要鼓励工作室成员积极参加市、区级教育科研活动，包括校际交流、各级学科会议、学科培训以及论文交流活动，充分发挥名师的示范、辐射作用。

通过以上措施，督促工作室成员在学习和实践中不断提升教育教学理论水平，积极参与课题研究，撰写科研论文，逐步成为本校、本地区的学科带头人、名师。

（三）通过网络促进教师团队的专业发展

为了让名师工作室的每位教师都能够进行教育教学交流，在工作室成立后，首先应建立网站，包括建立网络博客、成立 QQ 群等。名师工作室的成员可以利用网站进行在线交流、研讨，在线可以研讨教学实践问题，推荐书目、文章等学习资料，推广工作室成员的研究成果。

通过博客、QQ 群等，网络工作室的成员可以积极开展网络备课，如研讨某一课时备课或单元备课的设想、需要解决的难点、重点或疑难问题等，集大家的智慧解决问题。还可利用网络进行评课、相互交流，促进教师快速成长。或通过名师工作室的博客、QQ 群等进行专题研讨活动，分享宝贵的教学经验、教育教学思想，如自己的教学实践困惑、教学反思、优秀教案、教学经验、科研论文等，也可随时发表自己的教育教学观点等。

工作室的成员应在QQ群内进行沟通、交流，将网络研讨与线下研讨结合起来，使名师工作室的成员彼此共享优质教育教学资源，实现教师优质资源利用最大化，提高学习效果。因此，名师工作室的每位成员都必须参加工作室网站建设，轮流主持，不断完善工作室的网站内容，收集当前的教育教学热点资料，发表自己的学习心得，帮助维护名师工作室网站。每次共同学习之后，工作室的导师要求学员写论文、教案、学习心得、反思等作业，并发送到QQ群、工作室的博客，让大家共同来分享。

三、名师工作室的运行现状分析

名师工作室作为新时期职业教育改革中的一种新型模式，其存在的价值不容忽视。但是在名师工作室建设的过程中仍然会有不尽如人意的方面，主要集中在：

（一）形同虚设

在学校升格的大背景下，某些学校成立了众多的名师工作室，但在后续的工作中，其工作室形同虚设，很少组织各级各类的教学观摩、课题研究等活动。在研究中发现有老师坦言："在最初申报加入名师工作室的时候填过申请表，随后，名师工作室好像与自身无关，也没有参加过任何活动。"在年终考核项目中，也几乎没有名师工作室成效评估的项目。

（二）经费不足

目前研究中发现学校内建立的名师工作室的经费主要来自学校教科研部门的拨款。从各类活动开展的成本来讲，学校行政部门拨款乏力，导致名师工作室经费不足。

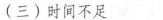

（三）时间不足

调查中了解到名师工作室成员的工作是繁忙杂乱的，有的工作室成员教学任务重，除此之外，还要担任学生见实习指导等任务。所以要真正召集工作室成员有效地开展某项活动，也通常会出现虎头蛇尾等现象，到最后不了了之。

（四）评估乏力

加德纳曾经说过："自始至今我都坚信对教育发展最可靠的手段就是评估。"评价环节是任何一个追求完整的过程所必不可少的环节。正因为缺乏对名师工作室运行的客观评估，才会导致在其运行过程中出现了诸多的问题。所以要通过评估以弥补当前的缺陷。

四、名师工作室健康运行的保障

名师工作室是一个"学习共同体"，主要以"学习"和"研究"形式为主，充分发挥名师的示范和辐射作用，日常教学、教育科研和教师培训活动是引领、培养工作室成员的主要方式，以此促进教师团队的专业发展。因此，要制定相关的规章制度、发展目标、发展规划、工作计划、培训计划、考核评价办法等，以保障名师工作室的健康运行。

（一）制定相关规章制度

为了使名师工作室有序、有效运行，必须建立健全工作室内部的相关规章制度，具体包括名师工作室的工作制度、成员管理办法等。

1. 工作制度

名师工作室是一个民间性组织，工作室全体成员要具备良好的职业道德、组织纪律性，自觉遵守工作室的各项规章制度；严格按照工作室岗位职责要求，做好自己的本职工作；积极参加工作室组织的各种学术会议及活动，如参观学习、学术研讨、观课议课等，做到准时，不迟到、早退，不无故缺席；努力学习和提高专业知识及业务能力，不断提高自身的综合素养。

2. 工作室成员管理办法

工作室成员实行"开放、流动"的运行机制，坚持"边建设、边聘用"的原则。工作室成员全部是兼职教师，实行"聘任制"。为此，双方须签订协议书，明确规定受聘教师的工作任务与职责、研究经费、岗位津贴、奖惩措施等。

（二）制订工作室发展规划

名师工作室应制订发展目标、发展规划、发展计划等，名师工作室一般培养周期为三年。要求所有成员依据工作室总的工作目标，结合自己的实践情况，制订个人专业发展规划，有效促进名师工作室成员的专业发展。

工作室的名师指导全体成员制订个人专业发展规划。首先，工作室的负责人要求全体成员明确工作室的指导思想、工作目标和思路、总体任务和具体要求，确定各自的学习任务、研究专题，给予方法指导，搭建平台，并提出建议。其次，工作室成员根据自己的专业特长和工作经验、工作室目标任务书等，确立自己的发展方向，制订切实可行的发展规划，快速提高教育教学和科研能力，促进教师专业发展。再次，工作室成员制订学习计划，内容包括阅读理论书籍、撰写论文、研讨课及课后反思、个人讲座等。这样一来，名师工作室的成员都有明确的发展目标和路径，有各自的发展规划、学习计划等，有利于教师团队的专业发展。

（三）建立和完善考核评价办法

名师工作室的评价方式应多元化，将他人评价与自我评价、过程性评价与终结性评价等方式结合起来。对工作室的评价要全面、客观，通过查阅资料、调查访谈、成果展示等方式，从工作室的组织管理、活动开展、关系协调、经费使用、教师团队专业发展等方面进行考查评价；同时，工作室成员结合

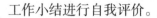

工作小结进行自我评价。

过程性评价包括随机深入工作室对某项活动进行即时评价、在学期（学年）末进行专项或全面定期考核评价等。在工作室建设期完成后，对其进行终结性评价，按照工作室预定的发展目标，综合、全面考察名师工作室的履职情况。

（四）建立工作室的成员档案

工作室的每个成员都要建立业绩档案，具体包括各成员在进入名师工作室之前与之后的教学变化发展情况，并收集整理有代表性的成果、荣誉等资料，按照学期、学年定期记录归档，这是评价每个成员专业发展的主要依据。

第二节　名师工作室教师发展共同体的构建

教师专业发展是一个渐次的、长期的过程，是在探索、实践、反思中锤炼的过程。名师工作室注重在实践中研究、在研究中实践，做到个体研究和合作研究的融合，名师工作室在功能发挥的过程中，对广大教师特别是青年教师的发展具有显著的引领和带动作用。通过名师工作室教师发展共同体建设，以促进教师团队的专业发展为共同愿景，以开放发展、协同发展、创新发展为核心建设理念，将在学校优秀教师团体和全体教师共同成长中发挥不可或缺的重要作用。

一、名师工作室教师发展共同体建设理念

组建职业教育名师工作室教师发展共同体，进行名师工作室间的互助发展，从而打造一批理念共享、资源共享、方法共享、成果共享的"名师工作室教师发展共同体"，应成为名师工作室教师发展共同体建设的示范。

（一）开放发展

开放发展环境下，奉行互利共赢的开放原则，坚持"引进来"和"走出去"相结合，形成名师工作室教师发展共同体建设内外合力，从而实现团队建设成效最大化。名师工作室教师发展共同体的开放发展是合作中的发展、竞争中的发展、双赢的发展。

职业教育是公平与效率的竞争。教育的宗旨是培养人才，是将知识、技能、方法进行传递和服务。为此，名师工作室教师发展共同体首先是合作发展，是合作中各方探究最合理的教育行为方案，进行教育教学方式方法的改革。实行"引进来"策略，从高职院校和行业企业中聘请知名专家、教授，指导名师工作室发展，实施"名师带高徒"；通过"走出去"，学习先进教育教学理念、教改方法和现代技术，掌握"工匠"技能，提高名师工作室教师发展共同体综合能力。只有在合作的背景下才能实现资源利用最优化，只有在合作的过程中实现教学成果最大化，才能在合作中实现分区域、分层次、分岗位的育人目标。

同时，名师工作室教师发展共同体的发展也是竞争发展。在职业教育的各类赛事中，有诸多紧扣行业发展，能引领职业前沿的比（竞）赛。通过工作室共同体及其教师间相互竞争、相互学习、相互合作，取人之长，补己之短，使比（竞）赛的职业技艺更加精湛、成果更具有普遍性。共同体间以最"合理"、最"优"的具体策略推敲投入与产出的最佳临界点，形成策略集合和"盈利"集合。

（二）协同发展

协同发展理论指出：不同资源或者个体，相互协作完成某一目标，达到共同发展的双赢效果，促进社会可持续发展。

职教名师工作室教师发展共同体是职教优秀教师的共同成长"孵化器"，是职教师资培养的新举措和新模式。充分发挥其精干成员力量，加大教育教

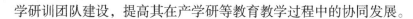

学研训团队建设，提高其在产学研等教育教学过程中的协同发展。

坚持多样性，通过管理制度、培养机制建设，激发团队及教师内在发展动力，满足其发展需求的多样性，进而促进其在教育、教学、科研、实训的全面协同发展。坚持公平性，通过确立发展机制、制订规则、公开评审、成果交流、事后跟踪，实行多形式同等条件下的公平竞争。坚持协同性，促使双方发挥各自特长，继续发挥优势，以求得各方的共同发展，共同进步。

名师工作室教师发展共同体要注重内涵发展，精心构建"骨干教师—名师"发展体系，以名师为引领，以项目研究为纽带，充分发挥示范作用：带一类团队、抓一批项目、做一次展示、出一批成果，凝心聚力，协同发展，把名师工作室教师发展共同体建设成名师成长的平台。

（三）创新发展

职教教师专业化发展的过程是教师认识自我价值的过程，亦即不断履行现实要求、创新发展的过程。名师工作室教师发展共同体在于提高教师的核心竞争力和专业品质，培养终身学习、与时俱进的人。

职业教育名师工作室教师发展共同体的运行，从课堂教学研究延伸到专业技能研究，从校内实训延伸到校外实习实训，从业务研究延伸到创新创业研究，从教科研研究延伸到产学研赛互动融合研究，以促进就业为导向，坚持适应需求，面向人人，实施创新驱动发展。

职业教育名师工作室教师发展共同体充分体现职教本源，紧跟国家创新发展战略进行专业结构调整、培养模式优化，成立名师工作室成员参与的校企联合工作室，推进互联网＋下的专业设置、实训建设、信息化教学。创新校企合作、工学结合的育人机制，坚持产教融合、工学结合、知行合一。

二、名师工作室教师发展共同体的功能

职教名师工作室教师发展共同体是多层次、多形式并存，跨学校、跨区

域共同体。

（一）目标导向功能

作为组织，须有统一的组织机构、共同的目标。名师工作室教师发展共同体的每个成员与组织以更好地教书育人为共同的愿景。组织的愿景是通过促进组织内部每一个教师的专业发展，形成团队精神，培育团队知名度和美誉度，拓展团队影响力。

团队成员的个人愿景是促进自己和其他教师持续不断的专业发展，实现"目标—成效—新目标—成果"的螺旋式成长。

名师工作室教师发展共同体是基于教育教学中的现实问题而展开的。问题导向的研究为名师工作室教师发展共同体提供了明确的研究目标和方向。明确的目标是共同体之间有效沟通的前提，使整个共同体着眼于达成目标，从而形成一个务实向上的学习环境。名师工作室教师发展共同体的建设，全力实现培养一批名师、带出一支团队、产生一批成果、形成一张网络"四个一"的目标。

（二）同伴互助功能

"教师'自身的教学经验和反思'以及'和同事的日常交流'是他们自身教学知识的最重要的来源，'在职培训'和'有组织的专业活动'也是比较重要的来源。"这一研究结论表明教师个体专业化发展之路的特殊性：团体共享性与实践经验性。名师工作室教师发展共同体成员在同伴互助下学习、切磋、碰撞、协调、合作和生成，实践经验在校本场域中全面提升。

在同伴互助下，促成教师专业知识共享、专业能力共进。团队及其成员互帮互助互学，精心策划教学，勤于探索规律，潜心教育研究，形成读书学习、专家引领、交互对话、打磨课堂、课题研究、创新寻觅、展示辐射等丰富多彩、科学高效的工作路径。团队成员全身心教书育人，在教学实践中，探索规律，不断提高教育教学技能，努力提高教学质量。

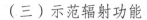

（三）示范辐射功能

名师工作室教师发展共同体的构建，跨区域名师共同体间的项目运行，实现了名师集聚效应。充分发挥名师的领衔、示范、辐射作用，提升名师团队的凝聚力和影响力，更利于教学成果的研究、应用与推广，形成创新型团队建设样本。"组织在于活动"，要发挥名师工作室教师发展共同体的示范辐射功能，通过各种活动载体推进团队建设向"高、精、尖"发展，打造职业教育的"知识、技能、信息"高地。要增强名师及其成员执掌职业教育教学技艺的"厚度"，从而多维度、立体化、系统化地发挥名师工作室的作用。

名师工作室教师发展共同体的活动交流、师徒结对，辐射名师爱岗敬业、为人师表的个人魅力；"同课同构""同课异构"的课堂打磨与展示，展现名师课堂教学的技艺；依托技能赛台，与能工巧匠切磋技能，夯实职业技术，展示职教"工匠精神"。博纳新媒体资源，深入课题研究，学以致用，进行人才培养模式的改革，推进信息化、现代化的现代职业教育改革。

三、名师工作室教师发展共同体的主要任务

名师工作室教师发展共同体围绕教师专业成长，着重通过高效课堂研究、现代技能研究、以德育人研究和专业建设研究，稳步推进学校的专业建设、校企合作、教学研究、课程改革、技能大赛等活动，实施内涵式发展。

（一）高效课堂研究

课堂教学是教师发展的主线和生命，是教师教学实践的主阵地。教师教学能力表现在课堂教学中实施有效教学的能力和水平，是一种过程科学性和结果有效性的综合能力的体现。它体现了教学以人为本、尊重科学、可持续发展的教育教学理念。

名师工作室教师发展共同体中以教师课堂研究为实践基础，通过共同体的学习和协作，将不同专业的学科知识、学生知识、专业知识、职业技能、

评价体系、教法学法等知识与过程"活化"。进行案例研究，借用生活素材以及源于真实情景中的专业教学案例，以故事描述的手法，对教师在教学实践中所遇到典型教学事例进行"解剖麻雀式"的案例研讨、分析与反思。进行课例研究，坚持以生为本，关注课堂教学的简洁与高效。围绕一节课的课前、课中、课后所做的系列过程进行反思和研讨，对教学问题和教学过程进行再现和描述，解决教学中出现的问题，完善教学技能，提高教学技艺，实现团队专业教学能力的螺旋式上升，奠定教师的教学品质。立足课堂研究，转变教师的教学方式，注重启导、扶导、开导，变革学生的学习方式，注重体验、建构、表现，变革教学方式。

（二）现代技能研究

立足职业教育，紧扣"中国制造2025"，职业教育的专业技术向现代职业技术革新，对专业人才培养提出了全新要求。职业人才的培养要主动适应新形势，关注产业发展的最新动态，消化、吸收、传递最新产业技术，培养具有"工匠精神"的职业人才。

加强社会服务功能，全面培养"双师型"教师。职教名师工作室教师发展共同体突出"职业性"和"实践性"双重元素。"走进企业，参与实战，提高技能"，在行业企业专家指导下进行技能研讨，关注专业领域发展的新技术、新材料、新工艺，感受专业技术发展的新形势，剖析专业技能的新要求，实现"职业与企业、岗位的对接"。到企业进行技能实践，以全新的角度审视自身发展，在培养可量化、可目测的显性操作技能的同时增加问题化解能力、自主学习能力等隐性技能，满足智能制造的时代要求。投身技能赛场，参加技能比赛和技能指导，在比赛中体验职业技能的精髓、职业技能的奥妙，引导动员广大学生立足岗位、内化职业精神和掌握职业技能，学技成才。使职教名师工作室教师发展共同体成为教师产学研的平台、校企合作的窗口。

（三）以德育人研究

牢固树立"育人为本、德育为先"的教育理念，立足教育人、引导人、培养人，培养具有良好社会公德和职业道德的应用型技能技术人才。注重专业教学与道德培养有机结合，实施"企业文化进校园、职业文化进课堂"行动，统筹推进活动育人、实践育人、文化育人，用精益求精的工匠精神激励学生，培养学生的社会责任和专业思想。

在专业课教学中，把课程的教学内容与构建学生职业素养结合起来，把课程的教学过程与学生人格培养融合起来。注重用优秀毕业生的先进事迹教育引导在校学生，潜移默化地开展德育教育，帮助学生形成正确的道德认知，养成积极的情感态度观。结合实训实习的特点和内容，广泛开展"能工巧匠、专业劳模进职校"等务实有效的主题教育活动，把德育与智育、美育有机结合起来，努力构建全员、全过程、全方位育人格局。在专业实践中，进行以爱岗守信为重点的职业道德教育，进行职业纪律和安全生产教育，培养具有现代职业理念和良好职业操守的高素质人才。

（四）专业建设研究

职教名师工作室教师发展共同体的亮点是"职业性"，围绕专业建团队、职业定培养，立足专业谋建设。发挥名师工作室教师发展共同体中职业教育名师、行业企业专家、业务骨干等众多力量，统筹谋划、推进专业建设，形成专业品牌、专业特色。

传承和创新相结合，运用新媒体，深入进行市场调研、企业调研和岗位调研，形成吻合专业和地方经济建设实情的专业人才调研报告、职业岗位分析报告和职业素养调研报告。正确定位专业培养目标和专业建设方向，务实、有效地与当地社会经济产业发展相衔接，进行以信息化为手段的专业课程及其资源建设，辅之以教学方法改革，依据考核内容和评价标准，全面深化职业学校教学改革的"转型升级"，并贯通"教学—实训—技能考证—技能比赛—

学历提升"环节，形成良性循环。以学生职业能力发展为目标，提升学生职业素养，进行创新实践研究，培养学生协同创新能力，真正形成专业建设与市场需求、学生发展、师资培养、实习实训、就业创业等联动。

名师工作室教师发展共同体是实践共同体。教师实践共同体以促进教师的主体性发展为导向，通过提升教师实践性智慧为途径，促进教师知识共享、提升教师效能、创建教师学习及专业发展的动态环境。名师工作室教师发展共同体间互通有无、相互借鉴、共谋发展，拓展了教师专业化成长渠道，创新了教师自身发展的途径，实现名师资源利用的"最大化"。

四、名师工作室构建教师发展共同体的途径

（一）确定培养规划，形成共同愿景

任何团体的发展都需要一个共同的目标来指引，名师工作室的引导下教师共同体的构建更是如此，是否能够基于本校教师的实际情况来制定名师工作室的发展规划是这一模式能否成功的关键。首先需要对本校教师进行全面、充分的了解，其次初步确定相关的培养规划，之后在相关的会议讨论中对规划进行逐步完善，吸取不同的意见，确定工作室的实际发展能够切合教师的实际，对相关的培养计划进行充分的论证，借助文献查询、信息收集等形式来优化。最后通过有针对性的学科整合，来对培养计划深入解读。这样由全体教师参与，名师引导的过程就会形成一种自上而下的共同愿景，让每个参与的教师能够更加积极主动。

（二）名师领衔引导，有效培训提升

名师工作室顾名思义就应当有一个名师来进行领衔引导，在筛选名师的过程中不仅仅要求名师具有较强的教学业务能力，更是需要名师能够有高尚的道德和无私的精神，是实际教学活动的从事者，这样才能够真正让每个参与到工作室的教师感到公正合理。具体可以分为三步，学校推荐和个人申请，

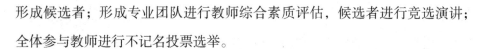

形成候选者；形成专业团队进行教师综合素质评估，候选者进行竞选演讲；全体参与教师进行不记名投票选举。

在名师申请工作室的过程中，应当有严格的流程。比如，成立相关名师工作室构建的指导团队，学习先进的名师工作室构建模式，进行示范指导或者模拟构建。然后在选出名师之后，让名师通过网络申请工作室，展示自身工作室的理念以及目标，获得相关鉴定团队的通过，最后召集相关具有同样愿景理想的教师进入，获得名师工作室负责人的同意后通过加入。名师工作室不仅仅可以某一学科为基础进行建立，还可以教师的心理健康、教学科研、班主任工作、学生培养等多种主题进行构建。

（三）开展研修活动，推广优秀成果

名师工作室的主要运行方式就是通过教师之间的互相合作、互相交流、互相反思逐渐在名师的带领下提升整个集体的素养。在工作室中领衔教师应当定期开展研修活动，首先进行活动计划的制定，确定活动主题。这一主题可以是阶段性的成果，也可以是共同的教学瓶颈。然后通过活动的开展与交流反思，在实际教学过程中进行活动的开展，在教学之后进行活动的总结、交流、反思，让不同的教师之间进行学习，工作室领衔教师能够积极地进行指导交流，让每个教师都能够得到提升。

名师工作室应当有其具体的工作周期和成果考核，考核的内容可以是工作室自身的建设和发展水平，也可以是自身教学成果的展示，设定阶段性的整体交流，各个不同工作室之间进行成果展示与交流，通过工作室内部完善的标准进行相关考核，通过不断的考核来给予教师一些压力的同时也给考核合格者一些奖励，比如荣誉称号或者物质奖励等。

美国著名的教育学家萨乔万尼曾经说过："教师共同体是由于教师自身的自主意愿而结合，对一套共享的理念和理想负有义务的个人的集合体。"由此可以看出，教师发展的共同体的目标就是全面更新教师自身的教学理念，促进教师自身专业素养的不断提升，通过名师工作室的形式，让教师能够以平等的姿态进行相关的研修。名师工作室就是一种以科研、教学、培训为主要内容，融入教学的学科性、实践性、研究性的全新的教师研修团队。这种教师"联合"的模式不仅极大地促进了教师自身教学素养和专业教学能力的提升，更是将教师紧密地联系到一起，从而将以往的单一教学转变为集体研讨教学。

第三节　区域内名师工作室教师发展共同体的构建

一、区域内构建名师工作室教师发展共同体的现实意义

传统意义上，学校改进模式可以分为研究发展取向和场地为本取向两种。研究发展取向将学校改进视为依赖外在力量的被动发展过程，外在力量是学校改进的主体，在学校改进方向、资源配置、策略选择等方面具有合法的权威地位，学校和教师处于学校改进的"边缘地带"；场地为本取向则主张学校改进权利的回归，学校在其改进过程中具有独立的话语权，依据自身的地域特点、文化背景进行改进，体现了学校改进的"校本性"，同时，学校改进过程也具有持续性。现在，很多研究者都认为学校改进不仅表现为一种结果，更重要的还表现为一种过程、一种能力、一种机制和一种精神，学校改进并不是一个静态的理想目标，而是一个动态的不断追求卓越的过程。由此可见，学校改进是学校持续不断学习、提升自身改进能力的过程。而专业学习共同体的诞生是学校提升自我改进能力的一种尝试，教师通过在共同体中的不断学习，准确把握学校改进的方向和有效方式，促进学校品质的提升。

二、区域内构建名师工作室教师发展共同体的内涵

根据区域内的实际情况，学校提出的专业学习共同体主要是以教师专业

发展为根本目标，紧紧围绕学生学习需要和教学的实际困难与问题，使教师确立共同的理念和目标，并承担责任、相互支持、共享经验、协同学习的组织，其范围仅限于区域内几所性质相同的学校之间，或立足于本校自身环境之中。在此，不妨做如下界定：区域内专业学习共同体是指学科与学科之间、教师与教师之间，基于共同的愿景，围绕教育教学实践中的问题紧密地联系在一起，在团体情境中以持续的个人反思与集体交互学习，实现知识的传递、分享、创生、转化以及身份认同的团体。

三、区域内构建名师工作室教师发展共同体的策略

（一）以课例研讨为载体，打造教师合作共同体

学校首先要建立教学研修制度，以制度保证共同体的运作。如学校实施的任课教师根据教学实际，提出制约教学实效性的困惑问题，教学领导同任课教师一同研究，确定学科微型科研课题措施就是一项非常好的专业共同体成长策略。微型科研课题的研究要与三课活动、课堂教学改革实践有机整合，避免研究与实践相脱离的现象，也避免课堂教学中的无效、低效等问题的出现。另外，通过专业共同体的平台，我们还开展了"学法研究与指导活动""说课评课""教学案例分析""读书心得"等共同体协作活动，为教师个人成长充电，为教师才华展示搭建平台，从而提高教师研究课堂教学问题的积极性和主动性。

（二）组建学习型教师团队，以提升促进共同体的成长

教师的专业化是通过教师的不断学习得以实现的，教研组、备课组是有利于开展学习的团体，教师彼此之间经常在工作学习过程中进行沟通交流，分享各种学习资源，共同完成一定的学习任务，在共同的学习活动目标下搭建学习平台，组成教师读书小组，开展主题读书会，在共同学习中提高素质和能力，采取请进来走出去、网上培训等多种方式，请专家开设讲座，提升

理论水平；同时采取交流培训、轮岗进修等方式与区域内的相关学校师训机构建立联系，通过各种形式的学习培训促进教师的专业发展。

（三）以问题为驱动，构建基于协作的校际合作共同体

围绕共同的教学难点，区域内组织校际交流，以教学难点热点问题为研讨的主题，要求共同体成员写好教学反思，总结提炼在教学实践中遇到的值得探讨的问题，在此基础上组织学习研讨。研究始于问题，问题是校际交流的出发点，问题的设计与学校教师的教学实践有直接联系，具有典型性，是共性问题区域内的学校"联姻研究"活动，凭借与特色学校的协作关系，定期开展主题联谊活动，共享优质教学资源，学习先进教学理念，引进高效教学方法，借鉴优秀教研成果；定期选派教师到协作学校上课，进行学术交流；定期邀请名师名家进行现场指导并做点评诊断等。

四、区域内构建名师工作室教师发展共同体的做法

教师学习共同体是以合作、交流为核心，以共同解决教育实践中存在的问题为目标。在整个过程中，教师与共同体其他成员之间就教育教学实践中存在的问题进行交流与讨论，最终找到教学实践中存在问题的原因以及解决策略，达到提升教师自身的理论水平和实践水平的目的。所以，为了更好地构建教师学习共同体，学校根据自身的实际情况，可以确立以下几种具体途径进行实施。

（一）课题研究方式

课题研究的活动是教师以课题为主线进行的交流活动，将有着相同或相似研究方向的教师组合成一个团队进行教学研究。教师以这种方式进行合作，教师与同事或专家围绕着课题进行讨论与交流，针对课题研究的问题搜集资料，再一起确定解决问题的方法和策略。在课题研究中，教师不仅增强了搜集资料的能力、解决问题的能力，同时也提升了交流与合作的能力。

（二）同行交流方式

同行交流的方式是指教师同事或同行之间针对具体的理论问题或具体教育情境中的问题进行交流的方式，例如教师之间的教学观摩和集体备课等。教学观摩是一种常见的教学实践活动，是一种教师走进其他教师的课堂，旁听其他教师教学，从其教学过程中学习和吸取教学经验和教学技巧的活动。学校的一个成功经验是集体备课活动的有效开展，集体备课是教师与同事们一起进行备课，在集体备课的过程中，教师之间共同分享知识和教学经验，共同预测教学实际中可能出现的突发事件，共同解决学生可能存在的问题。采用集体备课的方式，不仅有利于教师之间知识的共享和学习交流，同时也减轻了教师的负担，提高了备课的效率，提升了教师的交流与合作能力。

（三）结伴合作方式

与同行交流方式相比，结伴合作方式范围更小，内容更具针对性。结伴合作方式中，教师是以师徒、搭档等形式进行合作与交流，教师可以从合作伙伴那里获得心理支持，与伙伴之间交流新的想法，实现资源的分享和信息的互通。共同努力，用这种方式培养教师的合作与交流能力，不仅能减轻教师的工作负担，同时也有利于创设良好的学习氛围，促进教师的专业能力发展。

（四）开展教师合作技能的培训

合作型教师文化的构建，除了要消除教师自身的保守意识之外，学校还可以推出新举措增强教师合作技能的培训。通过长期观察发现，在实际教学中，有些教师愿意与其他教师合作，但是不知道该怎么合作，找不到合作的话题或切入点，这就需要外界给予帮助。开展教师合作技能的培训可以通过榜样推广和专家培训两种方式进行。所谓的榜样推广指的是先在小范围内开展合作技能的培训，培养优秀个人或教研团队，再把这些经验推广到大范围中。

通过活生生的事例来推广教师合作，教师们容易接受，向榜样看齐，吸收榜样的经验，不仅提升了教师自身的合作能力，同时也有利于教师群体的合作意识的培养。专家培训指的是请专家针对教师的合作技能的知识开展一系列的讲座，并引导教师在实践工作中使用这些措施。当然，这种培训方式有时也仅是流于形式，但至少为教师树立了合作技能的意识，他们在工作中会注意这些合作技能的使用，尤其是对那些有合作意愿但不知道怎么合作的教师来说，是具有实际意义的。

五、区域内构建名师工作室教师发展共同体的成效及思考

区域内构建教师学习共同体取得了三个方面的成效。一是以强有力的制度为保障，有效地组织起教师与教师、教师与学校、学校与学校的学习共同体：从教师个体层面，研究有意义的师生对话，改进课堂教学模式，实现基于对话的师生合作；从教研组层面，以研讨对话课例为载体，打造教师研修共同体；从学校层面，以问题为驱动，构建基于协作的校际、家校合作共同体，形成一个师师、师校、校际、校内校外有效合作的网状学习共同体。二是研究出了依据学习规律，构建基于对话、研讨、协作、联动的学习共同体的策略与途径。三是初步形成了区域教育特色，提高了区域内学习共同体成员的教育教学质量，促进了每位共同体成员的发展和成长。当然，在专业学习共同体的构建过程中，还有许多地方做得不尽如人意，如教师文化建设方面仍然相对落后，教师文化的传播与发展仍然有许多不足。可见，在构建教师学习共同体的过程中，除了做好制度规划等方面的工作以外，还需要致力于合作型教师文化的建构，是教师学习共同体所需的文化氛围，也是下一阶段我们需要不断努力的方向。

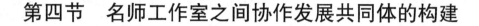

第四节 名师工作室之间协作发展共同体的构建

由前文可知，名师工作室是由在一定领域内有影响且知名度较高的名师引领，若干相近学科或领域的骨干教师共同组成，集教学、研究、培训为一体的教研共同体。近年来，随着国家对师资队伍尤其是名师队伍培养力度的加大，各地名师工作室从无到有，从有到优，名师工作室建设呈现可喜势头。从近年来各地的实际成果来看，名师工作室在促进中青年教师专业成长，促使名师自我提升，带动区域教师队伍整体素质提高，创建学科特色和品牌等方面均取得了不俗的成绩。

然而不可回避的是，目前各类名师工作室建设水平参差不齐，有些工作室仅仅停留在"挂名"状态，没有进入实质运作；有的虽然进入运作状态，但没有取得实质性成果。为解决名师工作室建设中出现的种种问题，促进名师工作室之间协作发展共同体的建设便意义重大。通过一个阶段的实践，我们欣喜地发现，名师工作室跨区域联动，有助于搭建共同研究和学习的平台，整合、共享优质教育资源，推动区域间学科教研和教师队伍整体水平的均衡发展，从而在更大范围内促进专业学科教学水平的提升。

名师工作室联动是由几个名师工作室共同研讨某个专题或进行某一个活动的过程。通常是指当某一个名师工作室组织活动时，邀请同学科的其他名师工作室的成员一起参与研修，各工作室一起倾听、分享、贡献优秀教学成果的过程。

一、名师工作室联动的实践审思

有学者说："教师的学习不是教师个人主义性质的活动，而是教师的共同学习。"从一般的名师工作室的运行机制看，名师工作室是通过基于工作室成员合作研讨解决教育教学中的问题来发展教师的教学智慧、促进教师的专业发展的。在现实中，不同的教师的知识结构、思维方式、认知风格等诸多方面都存在着差异，而正是每一位教师的差异构成了我们学习的资源，也形成了名师工作室成员合作学习的动力和源泉。正是在这个意义上，单个名师工作室在实现内部教学思想的交流和碰撞后，要加强与其他名师工作室的联系。通过不同名师工作室联动，加强相互间的合作性交流学习，使工作室成员从个体劳动走向寻求专业支持的教学群体，一起分享和交流各自的专长。这不仅可以加强区域教育教学思想的传播与开放，也协同优化了名师工作室活动的效率。

笔者以有效的工作室联动、对工作室联动的期待和怎样的名师工作室活动有收获等问题对来自不同的名师工作室且专业发展处于不同层次的 4 位工作室成员（市学科带头人、区学科带头人、市优秀青年教师、普通教师）进行了访谈。总结访谈结果，在构建名师工作室联动机制时名师工作室成员期待以下几点。

（一）名师工作室联动活动应注重主题推进、系列规划

作为半行政、半民间的名师工作室的活动会受到工作室内成员的工作、活动的经费、行政领导的支持等多重因素的制约。而名师工作室的联动由于涉及不同区域的多个名师工作室，活动不可能如单一工作室那般频繁，因此名师工作室的联动活动应注重主题推进，并做好系列的规划。

（二）名师工作室联动机制应注重解决教学中的实际问题

名师工作室联动的目的是交流、分享优秀的教学成果，在联动中要将合作分享和解决实际问题有机地结合起来，借助名师工作室的联动活动解决教育教学中的实际问题。通过不同的工作室成员共同参与学科教学问题的经历与反思，获得对学科问题解决的新认识和新理解，从而实现多个工作室成员的共同成长。

（三）名师工作室联动应注重异质交流，在互鉴中进步

一般名师工作室的主持人都是学科素养较高、教学技艺精湛、实践经验丰富的教学名师，这些名师在教学中都有自己的教学主张和教学风格。在名师的指导和带动下，工作室的成员在专业上会有一定的进步和成长。但时间长了，工作室成员同质化现象会越来越严重，不利于工作室内的教学研究和问题解决。名师工作室之间的联动，特别是不同区域的名师工作室的异质交流，可以使工作室成员在与外界对话中相互借鉴，换个视角思考问题，改变各个名师工作室相互封闭、各自为营的状态。

（四）名师工作室联动应实现工作室间日常活动的同频共振

名师工作室的联动活动并不是在单个工作室之外的有着独立的研究内容体系的专项活动。工作室的联动活动更多的是为了工作室间就一些相同的问题进行共同的研究，也就是说，名师工作室的联动是为了集几个工作室的智慧解决工作室成员在教学中遇到的共同的问题。因此，联动活动的主题是和各工作室的活动主题密切相关的，也应该是各工作室日常活动的一个组成部分。也只有名师工作室联动实现工作室间日常活动的同频共振，才能真正在有限的时间内，最优化地利用各名师工作室的优质资源，一起合作进行教育教学研究。

二、名师工作室联动机制的构建

名师工作室的联动机制是不同的名师工作室以学生培养和教师教学与专业成长中遇到的关键问题为主要的研究课题，共同开展教学研究活动的运行过程。

（一）名师工作室联动机制的构建

名师工作室联动，顾名思义，就是由不同的名师工作室主持人牵头，组建一定区域内名师工作室教研团队，即当某学科名师工作室组织教研活动时，邀请同学科的名师工作室成员参与研修，在研修活动中发挥各个名师工作室的教研专长，提供多角度的专业支持，分享团队智慧，实现在团队实践中加强相互之间的交流与合作。要使名师工作室联动能取得较好的效果，必须构建清晰、有效的联动机制。笔者认为，在联动机制上一般都会经历"自我分析—角色定位—联式选择—互鉴交流—共享智慧"的流程。

（二）名师工作室联动机制流程解析

（1）自我分析。这是一个名师工作室及其工作室内的每个成员知道自己在哪里、要到哪里去的分析过程。名师工作室在自身的建设上要有自己工作室的理想愿景、工作方式、教研文化、教学主张和教学风格，同时工作室的每个成员都要有明确分工，每个成员也必须有自己的短期及长期发展目标。

（2）角色定位。名师工作室是一个教学和研究的学术型团队，每个工作室因其工作室主持人教育教学特长的不同，在名师工作室联动活动中有其不同的角色定位。

（3）联式选择。名师工作室的联动对象可以是不同区域的名师工作室，如不同省、市的名师工作室的联动，也可以是同一区域的不同的名师工作室。不同的联动对象会给活动带来不同的效果，如不同省的名师工作室的联动活动可以让工作室成员感受到不同省对教育教学的不同的思考，而同一区域的不同名师工作室的交流更可能是同一方向细节上的错位思考。在联动的方式上可以采取课堂教学研讨、专题教研沙龙、主题交互对话等多种方式，通过面对面及互联网等不同的方式进行。

（4）互鉴交流。一个优秀的名师工作室，其影响力不仅仅源于工作室内教师已有的学科知识和经验的存量，更来自在已有的知识结构与教学能力上的不断学习和创造。而名师工作室间的联动，特别是就某个教学问题的研讨，可以促进各工作室及其成员在共享的过程中得到群体的反馈，个体知识和能

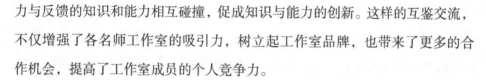

力与反馈的知识和能力相互碰撞，促成知识与能力的创新。这样的互鉴交流，不仅增强了各名师工作室的吸引力，树立起工作室品牌，也带来了更多的合作机会，提高了工作室成员的个人竞争力。

（5）共享智慧。一个优秀的组织本身必然承载着引领示范和辐射带动的功能，名师工作室的联动就是几个优秀的团队思维碰撞、激活智慧的过程。几个名师工作室成员间的交流是在教学实践的基础上，进行教学总结和思考的过程，这样的教学与反思过程也是各工作室共享智慧、互动协作的过程。这样几个名师工作室共同创设的教科研环境是打造出区域一流名师工作室、培养名师的基础。

三、名师工作室联动机制应用的若干注意事项

（一）建立信任机制，做实教学研究

名师工作室联动从根本上说是基于各工作室的教师个体经验与智慧的互换，而联动所产生的动力取决于各工作室间的联动是否能让教师在合作交流中获得提升和成长。每一位教师不同的学科素养、教学经验决定了每一位教师对同一个教学研究问题的不同的认识。著名的心理学家罗杰斯认为："适度的心理安全和心理自由是创造性活动的一般条件。"只有建立了信任、理解的氛围，工作室成员的创造性才能得到很好地发挥，教师个体也愿意在群体中和他人分享自己的智慧。这种信任机制的建立来源于联动时交往的透明性，并提供多样化的互动交流机会。各名师工作室之间的资源共享和真诚研讨，只有建立了一种各工作室互惠互利、优势互补的联动格局，才能在联动中做实教学研究。

（二）坚持问题导向，注重问题解决

名师工作室建设的核心内容就是开展好丰富多彩、形式多样、优质高效的教科研活动。每个名师工作室要针对教师教学中遇到的共性和疑难问题进

行概括和提炼，形成适合工作室教师共同研究的而又有一定内在联系的系列专题，列入工作室的年度计划。各工作室间交流时，将共性问题作为工作室联动时需要聚焦的主要问题。这样工作室联动时可以以解决共同的问题为导向，进行基于问题解决的理论学习、课例研究等系列活动。这样的方式不仅能够帮助教师解决教学实际中的问题，加强各工作室解决问题具体策略的交流，也有利于工作室之间互相学习、借鉴，形成教学研究的成果。

（三）讲好发展故事，形成教学主张

名师工作室从根本上说是一个有专业化研究方向的工作室，其专业研究方向更多地体现在工作室的教学主张上。相同学科的不同的工作室会有不同的教学主张，如同样是初中英语名师工作室，有的研究交际情境，有的研究文化渗透，有的研究学科能力。不同的教学主张体现了对学科教学不同的理解和追求，正是由于这些不同的理解和追求才需要名师工作室联动机制的建立。在工作室联动活动中不同工作室对教学不同的研究和实践，可以开阔工作室成员的视野，使其对学科教学有更多维的理解；使每个工作室在联动中不仅能讲好工作室及工作室成员的发展故事，也能在借鉴、反思中形成自己的教学主张。

（四）传承文化基因，推动共同发展

名师工作室主持人的专业水平和能力是名师工作室存在的基础和前提，主持人需要有一定的水平和能力，有效指导工作室成员，以满足工作室成员对专业发展的要求和渴望。名师工作室的建立提升了工作室内教师专业成长的自觉性、积极性和能动性，而工作室的联动则为名师工作室主持人的可持续学习提供了可能性，使工作室主持人得以突破专业成长的瓶颈。各工作室不仅相互合作学习，更在学习中传承和优化自己工作室的独特文化，在相互学习借鉴中共同发展。

旨在加强不同区域名师工作室共同体建设的名师工作室联动，可以发挥

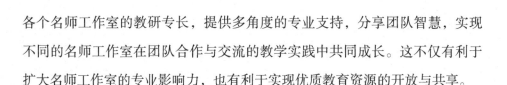

各个名师工作室的教研专长，提供多角度的专业支持，分享团队智慧，实现不同的名师工作室在团队合作与交流的教学实践中共同成长。这不仅有利于扩大名师工作室的专业影响力，也有利于实现优质教育资源的开放与共享。

第五节 区域内工作室之间协同研修

一、名师工作室研修的基本模式

教师的专业发展并非"毕其功于一役"的结果，而是一个循环互动的连续性推进过程，所以名师工作室研修并非是一个单向度的线性化过程，而应该是一个为实现研修目标而逐步递进的循环系统。目前，主要由三个相互递进的阶段构成了名师工作室研修的基本模式。在这个模式中，三个阶段主要包括：①制定专业发展规划，建立专业发展愿景，形成研修共识阶段；②通过以课例为主的教学研修和以课题为中心的教学研究，形成以名师的示范引领、同伴的合作互助以及教师自身的反思建构为基本动力的团队研修阶段；③借助送教下校、成果汇报等方式在教学行动中提升、检验、沉淀研修成果，并最终促成教师教学行为的转变阶段。

从整体运作来看，该模式主要围绕"形成共识—团队研修—行为转变"这三个阶段来推进名师工作室的研修活动，而且这三个阶段在顺序上呈现逐步递进的态势，即表现为从观念层面到行为层面的逐推与递进。从各个阶段来看，研修内容有侧重并保持相对的独立性，第一阶段重在梳理教师的专业发展规划，理清教师自身的实际需求以及个体的发展愿景，从而在观念层面建立起教师专业学习的心理准备，这为后续研修活动的开展提供了针对性与目的性。第二阶段重在团队实践，即以课堂教学、小课题研究为媒介，引起工作室教师专业实践的实际行为。第三阶段重在检验与沉淀，团队研修的成果到底有没有价值，在多大程度上改进了教师的教学行为，就需要回到实践中去检验、修正，在不断的完善中逐渐转变为教师习得的教学行为。

（一）建立专业发展愿景，形成研修共识

名师工作室作为教师群体的专业学习组织，达成共同的专业发展愿景是实现团队研修的前提与必要保障。在名师工作室中，每一位教师在进入工作室之前都会深入思考、详细制定个人专业发展规划。规划内容包括：发展目标、各阶段达成目标的具体内容、发展措施等。以 Y 老师为例，下面是名师工作室 Y 老师的专业发展规划：

Y 老师在他的专业发展规划中写道：在名师工作室这块肥沃的土壤上通过专业引领、同伴互助和自我反思，强化自己的学习能力、研究能力、创新能力和教育教学能力，用三年的时间让自己"德、能、勤、绩"全面发展，开出教坛优秀之花。

Y 老师的发展目标包括：①课堂教学：关注学生在教学活动中的表现，并给予积极引导，使其能富有个性地成长；关注教学热点，逐步提高自身的综合素养；对教材要钻研，深入研究，勤于反思，在总结经验中完善自我，打造高效的课堂；让学生在学校开展的活动中感受快乐，逐步形成自己的教学风格。②班级管理：从"管"的教育逐步转向"爱"的教育，多学习，多实践，积累班级管理的经验；勇于创新，逐步提高自己的管理水平以及与家长沟通协作的能力。③课题研究：逐步展开学生良好学习习惯的研究策略，以学生为主开展一些活动，提高自身理论修养与科研水平。④个人提高：广泛阅读，并持之以恒，丰富自身知识经验；加强理论学习和个案学习，善于发现，勤于思考，努力提高自己的师德修养，使自己在投身教育教学的工作中能积累更多理论知识。

Y 老师达成专业发展目标的措施包括：①理论学习：树立终生学习的观念，不断增强自身道德和文化修养，自觉阅读理论书籍，加强师德修养，将理论运用到日常的教育教学中去，争取做一名学生喜爱、家长满意的教师；拓宽阅读范围，避免由于单一化的阅读引起的局限性。②教学实践：努力探索、大胆实践，用新的教学艺术充实课堂教学；在自己的课堂教学中，努力钻研，课堂教学方面逐渐形成自己的教学风格、教学特色；针对自己的薄弱环节加强学习，不断探索，在教育教学等方面，争做一名研究型教师。③自我反思：教学前反思，用新课程理念，走出过去目标单一、过程僵化、方法机械的"定型化"的教学模式，从培养学生实践能力出发，拓宽教育的时空，拓展教学的内容，优化教学的过程，使教学成为一种自觉的实践行为；教学中反思，及时主动地在行动过程中的反思，经常反思自己是否存在对待不同学生上有差别，并尽量公开又公正地评价学生的学习过程和结果；教学后反思，在授课后进行反思，了解学生的意见，看看他们是否察觉到了教师在期望上的偏差，随时审视，随时修止。

从 Y 教师专业发展规划的内容来看，制定教师的专业发展愿景是教师在进入名师工作室之前在思想认识上的澄清与明晰。事实上，教师系统地对自己的教育教学行为进行总结与省察，表明教师已经开始思考自身的专业发展，而教师的系统思考将会逐渐明了并最终形成教师的研修共识，这为后续名师工作室的研修实践奠定了认知准备。

（二）分享并贡献教学智慧，形成团队研修机制

在教育变革的今天，教学与研究诚然已成为教师专业发展的互补性因素。教师的教学水平直接体现了教师的专业化程度，是教师的教学理论用于教学实践的最终表达；而教师的教学研究则是其有力的后盾。教师的科研就是为了解决其教学问题，进而实现对教学的改进。事实上，"教而不研则浅，研而不教则空"已成为时下一线教师的至理名言，在名师工作室形成的团队研修机制中，就是将教师的教学与教研作为重要内容，通过领衔名师的示范、工作室同伴协作以及研修后教师自身的反思总结而实现对教师专业能力的提升。

1. 以课例为主的教学研修，在研修实践中分享并贡献教师的教学智慧

在名师工作室研修实践环节，以课例为主的教学研修主要有两种实现途径：

（1）领衔名师主导的课例研修。领衔名师主导的课例研修包括：展示型示范课、问题性诊断课、主题性研讨等，这种课型具有明显的示范性、引领性和情境性，是在常态教学情境中通过名师真实的课堂教学，从名师的成功经验中汲取专业养料，是名师示范引领的重要组成部分。

在名师工作室的研修团队中，领衔名师是在长期的教学中通过对教学实践的反思、研究等过程中逐渐成长成熟起来的实践性反思家。他们对于教育教学问题有自己的独特认识和领悟，既有理论观点的根基又有丰富的教学实践经验，并深得一线教师的青睐。名师的示范性效应具有特定的情境性、实践性。根据知识创生螺旋（SECI）理论的解释，名师的经验或智慧从某种意义上讲就是一种"内隐知识"（embodied knowledge），是无意识的起作用的"默会知识"，也可以被看成是一种以个人经验为基础的行为理论。它深深扎根于个人的行动和切身经验及其所信奉的价值观或情感之中。所以，从这个角度来看，发挥名师的示范引领作用，就要阐明名师的"默会知识"如何由隐形转化为"显性知识"，进而影响其他的教师的知识生成。

事实上，教师的知识存在于默会知识和明言知识两个侧面，默会知识是跟切身感受的环境交互作用而产生的，并且是借助切身体验加以传递的；默会知识在本质上是跟"情境"不可分割的。而明言知识则是"默会知识"的语言化，知识就是凭借"明言知识"和"默会知识"的互动形成的。因此，名师工作室研修中名师的示范引领事实上就是要回归到真实的、日常的教育教学实践之中，如同医生、律师从病例、案例中得到学习一样，教师的学习也必须借助真实的教学情境，从案例中全面把握教学的性质，使其教学智慧在真实的教学研究、课例研修等具体情境中语言化、意识化、明言化。

（2）同伴互助为主导的教学研修。同伴互助为主导的教学研修包括：反思实践课、小组汇报课等，这种类型的研修方式主要是通过借助团队力量，

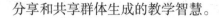

分享和共享群体生成的教学智慧。

同伴互助的学习是多个主体之间围绕某一话题而展开的知识建构和意义生成。它的意义就在于借助不同学习者之间的"视域融合",既肯定个人经验的独特价值,保持个人理解的独特性,又合理吸收他人的观点、看法等,从而对所获得的知识有更全面的理解和更充分的意义赋予。并形成对一个问题的多角度透视,也正是学习者视域间的融合,才会使学习者之间的对话与交流充满生机与期待。

从成人学习的视角而言,教师的专业发展同样需要同伴间的互助。但是,教师与同伴之间的关系并不仅仅是简单的"同事"或"同行"的关系。因为教师的实践智慧的养成需要通过教师之间的分工合作、需要思维的碰撞、智力的对话等达成彼此相互的理解,因此,这种关系应该是一种稳定的"专业关系",是建立在相互信任基础上的一种"心理关系"。而且,教师作为具有专业知识和教学经验的成人学习者,他们最为深刻的学习来自有价值的、具有真实问题情境的亲身体验及其反思建构过程。如果我们能够顺应教师学习的需求特点,组织教师群体以同伴研修的方式进行资源的构建,就可以有效地促进教师群体分享教学经验和智慧,使个体的教学经验升华为群体的专业知识资源。

可见,在名师工作室研修过程中开展以课为例的教学实践实际上具有两层意义:其一,通过课例实践在研修过程中积累、吸收优化的教学经验,同时也在实践中检验、修正教学经验,其本质上就是传递、掌握和批判显性知识的过程;其二,课例实践也是将教师默会、内隐的教学经验在真实的教学情境中显现出来,通过教师群体的体验、反思、建构,明言化为公共的教学智慧。可以说是一个使缄默知识显性化并得到检讨、修正和应用的过程。

2. 以课题推进为主的教学研究,在研究中解决教学问题、提升教学效率

在名师工作室研修实践中,课题推动的研修方式通常是通过小组分工、

团队协作进行的。在研究的过程中，教师会带着课题进行教学，在教学中探讨教学问题的破解策略、高效课堂的标准和方法、学生学习动力、课堂教学效益、评价等问题。从目前来，名师工作室以课堂教学改革为主题的课题研究活动，在一定程度上提升了工作室成员的课堂教学能力和教科研水平，对于改造课堂生态环境和教学模式，推进教学创新都具有推进意义。

正如苏霍姆林斯基曾说："要想让教师的劳动能够给教师带来一些乐趣，使教师天天的课不至于变成一种单调乏味的义务，那就应当引导教师走上从事一些研究的幸福道路上来，而且凡是感到自己是一个研究者的教师，最有可能变成教育工作的能手。"无独有偶，斯腾豪斯也曾指出要让教师成为研究者。当然，在这里教师的研究并不是指那种从研究事实中引出科学结论的意义上所说的研究，而是指尽管研究的问题在教育科学上已获的学理上的解决，但是对于一线教师而言是他在教育教学中现实存在的困惑与挑战，在这种情况下教师做研究就成了理论和实践之间的中介人。而且做与自己的教学和生活相关的研究，这样的研究本身能减轻教师的工作压力，给教师带来身心上的愉悦。而如果教师的研究脱离了这个前提或轨道，那么这样的研究就是故作纸堆的研究，就是"错了向、走了样、偏了道的研究"。事实上，教师成为研究者是对教师专业能力的解放，反观我们的教学实践，在现实中教师往往沉浸在教学技能的往返重复之中，复制着自己的教学经验，进而出现工作十年的教师比不上工作三年的教师的经验。而且在教学的岗位上开始丧失原动力与教学的热情。究其原因，就在于教师缺乏反思、研究的能力与习惯。因此，提出教师要做研究者，至少是要教师开始学会反思自己的教学，省查自己的教学行为；同时，也是希望教师在研究中解决自己教学的困境，重新发现教学的意义。

3. 通过教师个体的自我反思与建构，提升教师的专业能力

自我反思是教师个体以自己的教学行为为思考对象，对自己在教学中所做出的行为以及由此产生的结果进行自我审视和分析的过程。可以说，自我

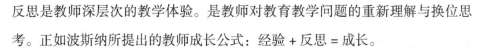

反思是教师深层次的教学体验。是教师对教育教学问题的重新理解与换位思考。正如波斯纳所提出的教师成长公式：经验＋反思＝成长。

教学智慧的产生具有综合性、灵动性、发展性，如果没有思维的积极、持续参与，关起门来进行日复一日的教学实践只能永远"原地踏步"，所以我们既要实实在在地扎根教学，同时又要在教学中形成自我反思的专业自觉。只有个体对教学实践的不断反思，才能在自己专业成长道路上"迈小步、不停步"。也只有自己的反思建构才能使教师自身的专业成长不断注入新的活力。在名师工作室研修活动中，无论是名师的示范引领还是同伴的协作互助都离不开教师自身对于教育教学知识的理解与建构，可以说自我反思与自我建构就是教师专业成长的内在动力，是群体教学智慧内化为教师个体教学经验的转化机制。实践表明，教师专业能力的发展实际上是通过自身有意识的学习、实践、反思的连续性过程，而且在这个过程中可以获得有助于增强教学有效性的新知识、新的行为方式和教学观念的有意义的内化过程。当然，教师要想得以持续发展，适应教育改革的要求，就必须要精化、细雕每一个问题，面对教育教学行为进行客观全面的思考、分析和评价，来提高自身的问题意识和反思能力。从这个意义上讲，名师工作室研修中所发掘的实践成果、研修经验就必须要有教师自我反思与自我建构的积极参与。也只有教师自身的"在场"，才会使集体的教育智慧内化为个体的教学经验。

（三）检验并推广研修成果，促成教师教学行为的转变

人们对于客观事物的认识遵循着从"认识—实践—再认识—再实践"的认知规律。所以对于事物的认识并不能代表认识的终结，而只有在认识与实践的不断反复中，通过再认识、再实践才会真正理解客观存在的事物。这也说明我们声称的行为改变并不意味着实际行动中的践行，因此，实现名师工作室研修成果的辐射和沉淀，也必须要通过实际的教育践行，在教学实践中使团队生成的教学智慧真正成为教师的实际教学行为。

名师工作室在实际的研修过程中，通过送教下校和成果汇报展示等方法，都可以实现对研修成果的检验和推广。这样既推动了地方学校教育教学的改进，也实现了工作室自身研修成果的检验与内化。并且这个过程体现了课例研修的价值，使教师在集体备课的过程中，不但贡献了自己的教学经验与体会，同时也在与同伴的交流中分享到了别人的思想与观点，可以说是对原有研修成果的再升化。同时，在实际的教学过程中，将理念上所认同的教学转化为实际的教学，并在教学中逐渐改进、丰富集体的实践智慧，而这如同医生积累临床经验一样重要。正如马克斯·范梅南所指出的那样："语言并不足以描述经验，最好的词汇也无法表达我们隐秘世界的丰富性和独特性。……语言最终是无法触到我们内在经验的基本特征和隐秘品质的。"只有通过实践，通过教学团队的备课—议课—磨课—评课，在真正做的过程中学习教学、改进教学、积累教学经验。

事实上，通过对"浙派名师工作室""粤派名师工作室"等名师工作室研修模式的了解，发现名师工作室的研修模式具有共同性，都体现了教师学习共同体通过建立共同发展的专业愿景，以团队研修的方式实现教师群体教学智慧的增长。

二、名师工作室研修的原则

名师工作室研修的首要原则体现在教师的实践性和构筑互学关系上。

（1）着眼于工作室中每一位教师的实践性知识。此前，我国教师研修并不十分理想的一个重要原因在于"需求"与"给予"之间的错位，具体表现为教师们最渴求的实践经验相对不足，教师在研修现场的主体性参与被边缘化。舒尔曼强调，案例型知识（实践性知识的类别之一）是教师必备的专业知识之一。从舍恩（Donald Schon）提出的"反思性实践"模式亦可知，教师持续的专业成长并非是一个"从理论学习到实践应用的线性过程"，而是"在实践体验的基础上结合经验进行反思的渐进过程"。由此，名师工作室的研修重心应落在教师实践性知识的生成与实践智慧的涵养上。

将名师工作室的研修活动放置于反思性实践的解释框架之下，不仅意味着教师专业成长从单纯依赖理论专家慢慢转向了同时注重优秀的实践者与高校学者，也意味着教师的专业成长必须回归教师的教育教学日常。教育的逻辑起点是学习，教师教育的起点也在于教师不间断的反思性学习。同时，教师是明确自身认知需求（待解决的问题）、具有相应学习准备（经验）的成人学习者。因此，教师的学习往往开始于问题，对他们而言，最能激发其学习兴趣的往往是那些对其解决问题有着直接效用的知识与经验（实践性知识），学习的结束也在于问题的妥善解决，即实践性知识的形成。

（2）鼓励工作室成员书写具有个人印记的实践性知识。工作室长期的研修积淀使其内部暗含着一种特定的"文化交流现象"，有着许多"外人"无法洞悉的信息。比如，一个"你懂的"的眼神交汇、一丝"了然"的无奈苦笑、一些惯用的"本土化"语汇。诸如此类的交往是下意识的、排他的，对一个试图采取跟踪研究与观察的"旁观者"而言，难以临场领会其间意味。波琳·梅耶尔（Paulien Meijer）与陈向明教授皆从事教师实践性知识研究长达十余年，即便是她们也曾无奈地表达"在实践现场捕捉教师的实践性知识依然具有相当的难度"。更遑论教师个人化实践性知识的缄默性与生成过程的隐蔽性，多散落在他们的心理与行动之中，多数情况下只能依靠教师自身的体察与觉知。遗憾的是，工作室成员恰恰是发声最少的主体群。因此，工作室的研究缺乏对反思性实践过程的描摹与记录，缺乏教师对其实践知识的反思性书写与分享，这无疑是对工作室研修实践旨趣的反叛与自我舍弃。

因此，为消解教师们的"实践话语与知识处于'濒死'的状态"，工作室须始终将教师的"真实表达"放置于研修的中心。换言之，工作室的活动设计皆旨在帮助教师获得具有个人烙印的教育理解，言说具有个人气质的教育见解，养成具有个人风格的教育行为。这时，名师作为一个成熟的反思性实践者，不仅有着个人"实践性知识库"，也需帮助工作室创设由成员共享与共建的"实践性知识库",以此滋养每一位成员的专业成长。此外,当前世界范围的教育研究呈现出明显的实践取向,所以,工作室的研究权应有意识地让渡,更为确切地说,是交还给工作室成员,即鼓励教师尝试对自身实践性知识形成过程的"微型叙述",完成小写理论的建构。

(3)明晰名师与成员的责任边界,开展专家会诊式研修。曾有位老师进入名师工作室之后,发现自己变成了一个没有思想的表演者和宣读者,只能一味地接受和顺从,逐渐有些茫然和失去信心,最终选择退出工作室。为移除成员对于名师这一非理性权威不加批判的盲目服从,需申明名师与成员的责任边界。名师虽以主持人的身份进驻工作室,然而,其与成员之间并非"审视与被审视""观摩与被观摩"的"单向权力关系"。名师的责任更多的是在于启发其他教师找到自身的价值。不过,作为主持人,名师亦不能把反思的责任一股脑儿统统丢给教师,而是运用新理念和新模式帮助教师展开结构化反思,使反思不至流于肤浅、零碎和低效;相应的,教师也不宜在研修过程中长期表现出失语的消极顺应状态,而是借助各种反思工具,积极融入各种对话关系。

如果以"专家会诊"来比拟名师与教师在研修过程的身份,那么名师和所有成员皆需像医生那样掌握专门的临床问诊术(运用反思工具),这意味着对工作室中的每一位他者负责。在这一情境下,对每一位成员而言,名师和其他成员相当于会诊的专家团队,该成员在每一次活动现场都好比在接受实时诊断。在诊断过程中,教师如同一位等待全方位体检的"病人",在工作室这一安全可信的公共空间内敞开自我,与团队一同检视自己教育教学中的边边角角。团队帮助该教师挖掘其在教育教学中存在的"病因";"病因"不仅包括该教师外显的失范行为,也包括教师未能自察的潜在症结。尔后,成员或通过名师点拨,或借助观摩与对话获取来自同伴的启发,经过自我反思,逐渐从"患者"成长为一名可进行自查的专业"医师"(反思性实践者)。这一借喻,至少包含三重意蕴。其一,工作室中的教师不仅为自身的专业发展负责,同时也需参与其他教师的专业成长,工作室的研修过程也是教师专业学习共同体的建构过程；其二，名师也需扮演待检的患者，在工作室成员的协同下进行自我审视，名师与教师之间并无身份高下之分，只有专业发展的先后之别；其三，名师工作室中各类研修活动的最终指向是成员与名师的身份蜕变，即从"患者"成为"医师"、从"名医"变为更好的"医生"。

（4）借助我"学到了什么"这一表达语，构筑互学关系。帕尔默（Park J.Palmer）早在二十余年前已提醒我们，"从教师的专业实践考虑，让同事的谈话进入其内心深处并不是一种容易完成和容易被接受的任务"。此现象至今依然出现在工作室的研修活动中，反映出教师对于来自同辈教师（其他成员）的声音和经验的忽视乃至漠视，哪怕是一些极具启发性的洞见。这无疑是对反思性实践模式的背离。如前所述，反思性实践视域下的教师研修过程是指教师在专业学习共同体中借助专业对话进行反思与合作探究式学习。

名师与工作室成员之间理应是一种"互学关系"，体现为名师与成员通过分享各自的反思所得，展开"倾听—反思—表达"的专业对话。同理，工作室成员之间的关系亦应如此。在工作室中，教师并非生活在一个封闭的"私人领域"（private zone），而是一个开放的"公共空间"（public space）。每一位教师愿意真诚地呈现自己的"内心景观"，积极融入教师专业学习共同体并有意识地创生一种教师合作文化，通过充分的对话确保实践性知识的生成。正如日本学者佐藤学给予我们的提示，教师可在工作室的研修过程中通过"我学到了什么"这一表述分享反思所得，以此培育教师之间的互学关系。在这一互学关系中，名师与成员之间的差异不再表现为身份本身的异同，而是责任、思想与行为的不同。

三、区域性校本研修

（一）概念界定

区域性校本研修有效策略是在以县为单位的区域内，教师以学校为主阵地进行工作、学习、研究等一系列研修活动，以此提高教师和学校的研修效益。

本文所提到的"区域联动式"校本研修是基于学习共同体的一种校际联合研修的模式。以学校为研修活动单元，以各自学校为管理单位，按同质促进、异质互补的原则建立起来的研修模式，根据各自学校的特色和各学科教师专业发展的需求，以教师为发展主体，教研、培训、科研三位一体，实现教师与教师之间、学校与学校之间相互协作，联合互动，对校本研修进行有效拓展，形成区域内教师专业自主发展的外部支持系统，推动教师队伍整体提升，从而形成一种任务驱动、资源共享、相互借鉴、协同研究、共同发展的良好机制。

（二）"区域联动式"校本研修模式的实践

1. 健全区域性研修模式的管理运作网络

"区域联动式"校本研修主要是通过领导来协商和组织各种研修活动。为了更加有效地完成各项活动，首先由片区内各个学校的校长、分管教学副校长组成校本研修联动体领导小组负责统筹、组织、协调、落实及总结。校长共同协商，提出各校在学科教学方面存在的问题，确定研修的方向、内容、形式等；由负责教师培训的教务主任制定出具体的实施计划并落实任务；具体研修活动由各校教研组长或骨干教师实施完成。在必要时，还可设置学科小组，由区域内的优秀骨干教师、负责专业学科的区教研员和高校教授组成，来引领各学科课堂教学的实践、反思和提高。同时，每次片区研修活动尽可能做到有计划、有记录、有简报等。不仅如此，在每学期初，各校校长、副校长、教研活动负责人及各学科研修组长应当坐在一起，共同总结和反思上学期片区专业学科研修工作的成果与不足，商量本学期片区研修工作的计划与安排。

其次，建立必要的规章制度，制定相关的校本研修计划和教研活动的实施细则，如教学反思、集体备课、研修例会、相互听课、课题管理、目标激励、成果推广等。同时利用宣传栏和简报等宣传校本研修的意义、作用和措施，在区域内营造校本研修的文化氛围。通过区域内的相互学习和交流，实现校际间教育教学资源共享，达到共同进步、共同提高的最终目标，探索出片区各学科、各专业教学质量可持续发展的教学教研新路子。

2. 跨校联动，形式多样

形成"区域联动式"校本研修模式的主要目的，是解决各校单一学科人员过少不便于开展研修活动的问题。"区域联动式"校本研修要跨越学校界限，组成教研组、备课组或课题组，来共同探讨在教学中遇到的问题以达到共同提高的目的。因此片区内必须要有创新性地开展多种形式的教学研究和培训活动，如教师对公开课进行研讨和教学交流沙龙等活动，确保研修形式多样，内容丰富，使每个教师都能积极地、自愿地参与其中。"区域联动式"校本研修的活动形式有以下五个方面：①关注课堂，洞察课堂教学中的真实问题，并以问题来引导教师开展校本研修；②校际研课，主要通过"课"的形式来使各校之间的教师互相交流，包括对课程目标的理解、学科任务的落实和教学质量的提高，一般以备课、说课—上课、反思—提问、对话—评课、讨论—汇总、整理的流程展开；③课例研究：为了提高课堂教学质量，积极开展"同课异构"等形式的实践研究，从改善教师的课堂教学行为入手，整合片区内的专业辐射力量；④教学互访：鼓励校内校外各学科教师之间、备课组之间相互邀请、主动走访，就课堂教学疑难问题探讨他校同行的经验，在切磋技艺的同时加深区域内各校之间的友谊；⑤专题研讨：就某个共同关注的教学难点问题，通过汇集各方优势资源，组成项目小组开展合作攻关研究。通过组织形式多样的研修活动，引导教师打开思路，在实践中学会研究方法，激发教师的学习热忱，鼓励教师多维思考，在交流中分享集体智慧，在思辨中明白学科新课程的教育理念，真正发挥同伴互助在校本研修中的积极作用。

3. 创设多种力量介入的区域联动研修体

建立一个由各校骨干教师、教育专家、研训机构等多种力量介入的校本研修"区域联动体"，不仅有利于整合各学科的教育资源，提升教师的研修质量，促进教师专业水平的发展，更能加强校际合作，起到优势互补的作用，使教师在这种多元化的学习共同体中及时强化自我教育意识，不断提高自我教育能力。

（1）骨干辐射。校本研修是提高教师专业化水平的培训，因此发挥骨干教师在校本研修中的引领作用是不容忽视的，因为骨干教师群体能科学地把握教师专业水平发展的标准，既能满足教师共性要求又照顾到个别差异。尽管调研的几所农村学校的教师整体素质不高，但每一所学校总有那么几个骨干教师，把这些教师整合起来，就是一支不可忽视的力量，这也是校校合作的优势所在。在区域联动式研修的活动过程中，我们要充分发挥各个学校骨干教师在研修活动中的辐射力量和示范作用，使教师在研修培训中互补互学，共同提高。通过在区域内校际之间建立骨干教师——一般教师帮带制度、优秀及新进教师跨校带教制度、名师工作室带教制度以及以强扶弱的辐射式团队带教制等，在互相观摩听课、评课说课、教科研指导的过程中引领一般教师共同成长，通过优势互补，将差异作为资源，推动教师多元发展，不断进取。

（2）专家引领。除了发挥骨干教师的辐射力量，在区域性校本研修的过程中，教师还需要有关专家的帮助。农村学校大都信息闭塞、教学方法落后、教师整体素质偏低，单单靠校内的所谓骨干力量很难从深层次实现对教师专业水平的提高，这就需要其他力量的介入。可以通过聘请高校导师举办讲座，发挥专家的引领作用，和专家一起走进课堂，现场观察，一起进行评课、反思等活动，在面对面的对话交流中使教师获得一些专业性指导建议。通过教育专家与一线教师的零距离接触来实现专业知识和教学情境的对接，而经过整合之后的专家建议融入了一线教师熟悉的教学实践情景信息，会更加接近教师已经具备的知识经验，更容易被一线教师所接受并融入其原有的专业知识体系，从而也更加有效地促进教师专业结构的更新。当然，专家引领必须有两个积极性作为前提，一是学校和教师要有积极性。一线教师在教学过程中遇到这样或那样的问题与困惑，需要专家的指导，但同时我们也应该清楚，专家的指导并不是替代。二是专家要有积极性。专家到农村中学指导费时又辛苦，因此，首先要保证专家下校指导能与自身的教学、研究工作结合起来，学校要积极配合专家承担起科研实验基地、教学实习基地、资源采集基地等责任，将获得专家指导与协助专家工作结合起来，立足双赢，才能保持合作的持续性。

事实证明，只有走出画地为牢的怪圈，摆脱自我封闭的状态，积极构建"区域联动式"校本研修模式，才能真正有效地促进课程改革的深入实施，从而形成一片和谐、良好的区域教育局面。

四、名师工作室之间协同研修存在的主要问题

教师的学习不是教师个人主义性质的活动，而是教师的共同学习。从本质上来说，名师工作室的研修是通过基于教育教学问题所实现的合作互动的学习来发展教师的教学智慧。在现实中，不同的教师他们的知识结构、思维方式、认知风格等诸多方面都存在着差异。而正是每一位教师的差异构成了我们学习的资源，也形成了教师合作学习的动力源泉。正是在这个意义上，单个的名师工作室在实现内部教学思想交流碰撞的基础上，就有必要加强与其他名师工作室的联系，通过区域内名师工作室之间的合作性研修学习，既活跃了区域内教师专业学习的动机，使教师从个体劳动走向寻求专业支持的教学集体，一起分享和交流各自的专长，共同构建一种促进自身专业发展的合作性学习的同事关系。同时也实现了区域性优质教育资源的"强强联合"，各个工作室不再是单独作战，而是一个集体性的统一战线，在这个过程中加强了区域内教育教学思想的传播与开放，也在一定程度上协同优化了名师工作室研修活动的效率。在这种关系中，每一个教师不仅关注"我的教学"，同时还与他人一起构筑"我们的教学"。

然而，实践中各个名师工作室的研修活动基本上是相互封闭、各自为营，

缺乏工作室之间的联动机制。究其原因主要有两个方面：一是名师工作室之间缺少相互联系、相互支持的平台。目前，在工作室研修中，部分教师已经认识到了各自为营、自我封闭的弊端，并且也有"走出去"的愿景，但他们缺少支持的平台，缺少对话的"场"。二是名师工作室之间缺少资源共享的信任机制。巴伯曾指出："当我们说我们信任谁或者谁值得信任时，那他将去做一个有益于我们，至少不是有害我们行为的概率高到足以使我们考虑和他进行某种形式的合作。"在名师工作室研修中，教师对知识共享的信任障碍将会导致其产生心理的不安全感，进而影响共享知识的意愿和行为。事实上各个工作室之间的合作从根本上来说是基于教师个体经验与智慧的相互交换，而合作关系产生的动力取决于合作双方本身是否可以从合作中获得提升和成长，是否存在相互之间提供资源共享的契约或机制。所以，只有建立了共享互惠的信任机制，使工作室成员有所付出并获得相应的收获，教师才会产生合作意愿。

五、名师工作室之间协同研修模式的改进策略

基于名师工作室协作研修在实践场域中存在的问题及其原因的分析，有助于我们找到问题的症结，澄清问题的实质。同时，也为我们改进名师工作室目前的研修模式提供了必要的基础。当然，将事实仅仅停留在问题的层面上而缺乏对改进名师工作室之间协作研修模式的策略研究，难免会使一个关乎教师群体专业发展的实践问题理想化。而从组织层面、团队层面、技术层面深入思考，提出可行的改进策略，使名师工作室之间协作研修模式更具合理性、实效性，显得更为重要。

（一）大中小学名师工作室"伙伴协作"研修模式

教学是一项社会性而非纯粹技术性的活动。教育教学问题的复杂性也决定了教学问题非一人之力可以解决的，尽管同事之间的合作可以发挥巨大作

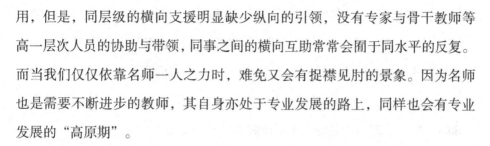

用，但是，同层级的横向支援明显缺少纵向的引领，没有专家与骨干教师等高一层次人员的协助与带领，同事之间的横向互助常常会囿于同水平的反复。而当我们仅仅依靠名师一人之力时，难免又会有捉襟见肘的景象。因为名师也是需要不断进步的教师，其自身亦处于专业发展的路上，同样也会有专业发展的"高原期"。

因此，在名师工作室研修过程中我们需要建立名师指导团队，即要建立大学与中小学名师工作室"伙伴协作"的研修模式。这样对于领衔名师来说可以借助专业的理论指导和学术引领，提升教学示范、引领的水平，逐渐步出专业发展的"高原期"；对工作室教师来说，通过与专业研究者的听评课、观摩、讨论、交流等合作形式，有助于减少教师独立反思的偏差，使教师个体的反思走向深化。同时，对于专业研究人员来讲，与一线教师合作也可以让其更贴近课堂教学实践，了解一线教师的需要，而不至于"闭门造车"地进行理论研究。

建立基于大学与中小学名师工作室"伙伴协作"的研修模式，需要从以下几方面努力：

（1）教育主管部门牵头，搭建名师工作室与大学协作互助的研修平台。对于中小学名师工作室来讲，建立大学与中小学名师工作室之间的协作关系首先要有开放的机制，能够正确面对大学专业人员介入名师工作室的意义与价值。同时，大学也应该树立服务地方教育发展的责任，担当地方教育事业的引领者与专业支持者。当然，除了大学与中小学名师工作室做出自己的努力外，教育行政部门也理应成为两者关系的纽带或中间人。在政策制度方面为双方的合作、对话提供保障条件。从而也是为名师工作室与大学合作机制实现"名正言顺"。

（2）组建区域内名师工作室协会，由名师工作室聘请大学专业研究者担任学术顾问。从学校科层制管理组织体系来讲，名师工作室实为隶属于所在学校的非正式的教师专业发展组织，在实际的研修活动中具有明显的分散性，并不利于区域性名师工作室的整体发展。因此成立名师工作室协会对于保障、协调教师的专业发展权利以及名师工作室的研修质量都具有重要意义。在具体的运行过程中，名师工作室协会成员应有不同学科的工作室领衔名师担任，组建协会委员会，代表协会聘请高校专业研究人员作为不同学科工作室的理论导师、学术顾问，为名师工作室研修提供专业支持。

（3）明确大学与名师工作室协作机制的基本规范。在现实的教育教学生活中，有两种理论指导着教师的行为：一是教师信奉的理论，即教师宣称自己所遵循的理论；二是教师使用的理论，即教师从实际行动中推导出来的理论。从这个意义上讲，教师所拥有的是一种实践样式的话语体系，与专家的理论样式话语体系是不同的。正是由于话语体系的不同，专家的教育理论与教师的实践之间的对话才有可能吸收到教师已有的教学观念和教学行为中。

因此，大学专业研究者进入名师工作室就要做到：①在理论上，引导名师工作室研修活动的合理性与专业性，为名师工作室教师的专业发展提供必要的智力支持；②在实践上，参与、评估名师工作室研修的实效性。观照名师工作室教师专业发展的实然需求，引领教师不断步入"最近发展区"。

而对于中小学名师工作室，就要做到：①形成名师工作室研修活动向学科专家、教研员、理论研究工作者的开放机制，以积极的姿态接受专业人员的建议或评价。②名师工作室要精心筹划组织研修活动，确实能够为大学研究人员提供教育科学研究所需要的情境资源，能够吸引专业研究者进入名师工作室的研修场景中，提供有价值的建议。

（二）基于多元主体参与的团队研修模式

建立名师工作室的初衷是希望通过搭建名师培养平台，组建优秀教师群体，培育优秀中青年教师，是基于教师的现实需求，为了教师的专业发展而开展的以"以师为本"的教学研修。当然，教师的专业发展关切多方利益主体，因此，名师工作室研修并非仅为教师自己的事情，相关利益主体也理应参与

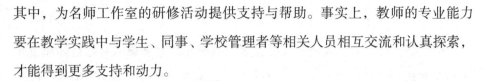

其中，为名师工作室的研修活动提供支持与帮助。事实上，教师的专业能力要在教学实践中与学生、同事、学校管理者等相关人员相互交流和认真探索，才能得到更多支持和动力。

因此，基于多元主体参与的团队研修模式就是要改变教师专业发展过程中参与主体单一性的问题，换句话说，就是希望教育活动的相关利益主体如校长、学生等人的参与和支持。

具体而言，建立基于多元主体参与的团队研修模式，需要从以下几方面努力：

1. 建立学校支持性的教师专业发展制度与文化

从制度方面来讲，就是希望学校能够为参与名师工作室研修活动的教师提供支持性条件，即要重视教师学习的价值、关注教师学习的需要、鼓励教师学习的发生、支持教师学习的行动，从时间、资源、环境、制度、评价等多方面为名师工作室研修创造条件，提供帮助。

从文化方面来讲，就是要营造学校民主、宽容的文化氛围，首先，校长要放下"守门员"的姿态，积极关切名师工作室的学习与发展，作为校长不仅要为教师在一起合作学习、分享经验实现其不同阶段的专业发展提供环境支持，而且校长自身也要积极参与到教师专业学习的道路上，成为教师学习的促进者与助推手。在这个过程中，校长不仅是教师之间合作互助过程的体验者、参与者，而且也应是学习的首席。更为重要的是校长要创造教师学习的支持性条件；其次，鼓励参加名师工作室学习的教师将工作室的研修成果在学校传播、辐射；同时，要在教师之间建立民主、宽容的文化氛围，既使本校教师的教学思想能够得到公开的表达，问题能够得到及时的解决，也能敞开校门吸引一些外部的优秀资源。这样，既使自己学校的教师走出去接受新的思想，同时也引进了新的观念、思想，实现了校级之间教学思想的碰撞与交流。

2.建立学生参与名师工作室研修评估的机制

学生是教师专业发展的最终受益者，名师工作室研修的最终目标和最终落脚点都是为了学生的发展，为了学生学习能力的改进与提升。因此，将学生的视角纳入教师的专业发展，是对教师专业发展是否真正落到实处的有效参考。其次，学生事实上也是教师专业发展的重要组成力量，尤其在名师工作室组织的课例研修活动中，请学生参与课后的教学评价，会更真实、更客观地了解教学中学生的实际感受与体会，这也为教学改进提供了新的视角。

总之，名师工作室是由教师群体组成的学习团队，在这里，教师并不是个体性的存在者，而是一种关系性的发展者，是"团队"的一员，教师的专业发展不仅意味着个体自身，更意味着在"团队"中的发展。而从多元化主体的视角考察名师工作室的研修模式，最终意义在于集多方力量，共同建构"我们的教育教学"。

（三）基于名师工作室之间"开放—互动"机制的研修模式

教师的学习不是个人主义性质的活动，而是教师的共同学习。从本质上来说，名师工作室的研修是通过基于教育教学问题所实现的合作互动的学习来发展学校的组织智慧。在现实中，不同的教师之间在知识结构、智慧水平、思维方式、认知风格等诸多方面都存在着差异。而每一位教师的差异就是学习的资源，也是教师合作学习的动力和源泉。正是在这个意义上，单个的工作室在实现内部教学思想交流碰撞的基础上，就有必要加强与其他工作室的联系，通过区域内工作室之间的合作性学习，既活跃了区域内教师专业学习的动机，使教师从个体劳动走向教学集体，积极寻求专业支持，一起分享和交流各自的专长，共同构建一种促进自身专业发展的合作性学习的同事关系。同时也实现了区域性优质教育的联合，使各个工作室不再独立研修，而是成为一个集体性的研修团队，这个过程事实上有利于区域内教育教学思想的传播与开放，也有利于工作室研修活动的顺利开展。

建构名师工作室之间"开放—互动"机制的研修模式，需要从以下几个方面着手：

（1）建立名师工作室之间的常规互动机制。由各个名师工作室领衔名师牵头，组建区域内名师工作室教研团队，即当某学科名师工作室组织教研活动时，邀请同学科或相近学科的名师工作室教师参与研修，在研修活动中发挥各个名师工作室的教研专长，提供多角度的专业支持，分享团队智慧，实现在团队实践中加强相互之间的交流与合作。

（2）建立名师工作室与区域中小学之间的开放机制。我们可以通过"请进来"与"走出去"的策略，即我们可以通过走入名师工作室教师所在学校，参与成员所在学校的校本教研活动，传播好的教学实践案例；也可以有计划地与区域内学校建立互助联动关系，使学校教师走出来，参与名师工作室的研修活动，倾听、分享、贡献优秀教育成果。

事实上，当名师工作室与中小学建立开放—互动机制，必然会形成区域教研从点到面的改进与变革，对推动建立区域内教师群体的学习型同事关系具有重要意义。总之，强调名师工作室与区域教师专业发展的关系，既有利于推进名师工作室的专业影响力，也有利于实现优质教育资源的开放与共享。

（四）基于网络技术支持的研修模式

在知识信息化的时代，可供我们学习利用的网络资源远远超出了现阶段我们所实际应用的，事实上，随着互联网的普及人与人之间的交往已跨越了时空的界限，可以说，网络是一个潜在的场域环境，这个环境为我们的学习提供了强大的支撑力量。利用网络学习环境进行名师工作室的研修活动，既可以有效解决研修过程中因为"工学矛盾"给教师带来的时空局限，又可以保障研修活动的后续跟进，还可以通过网络分享工作室的研修成果。

基于网络技术支持的研修模式实际上就是一种以网络平台为技术支撑而开展的有组织、有引领的教师自主研修和协作研修活动的新形式，它不是对传统的教研和面对面集中培训的取代，而是对传统的教师常规教研与培训的增容、延伸和发展，网络研修模式不只是简单地引入信息网络技术，而是对传统教研与培训的变革与创新，旨在打破传统教研培训活动的时空局限与资源交流的限制，将面对面的研修活动与远程研修活动密切结合，虚拟与真实两种研修环境密切结合，给教师提供了更为多元、自主的发展选择。因此，在名师工作室研修模式中，建构基于工作室研修实际的网络研修模式，实现实体工作室研修与虚拟网络研修的结合，是优化研修质量、扩大研修成果的有效路径。

名师工作室网络研修社区可以说是信息环境下的教师学习共同体，是指同一工作室的教师，他们之间具有一定的依赖关系并拥有共同的学习愿景与目标，围绕面临的教育教学问题，利用信息技术通过加强之间的交流沟通与合作来促使所有的成员有所提高，并通过参与合作性的实践来滋养自己的教学知识和实践智慧。

基于网络技术支持的名师工作室研修模式，是对实体名师工作室研修模式的补充与延伸，是对面对面研修活动的及时跟进与继续深化，主要通过工作室成员的小组化分工，建立网上协作小组，各小组在名师工作室既定目标下自主教研并生成小组研修资源；其次，通过线下面对面研修与网上网络研修的混合式学习方式，对各小组生成的研修资源进行团队化的研磨，进一步优化已生成的资源；第三，在团队互动和相互反馈的机制下，在网络平台分享、共享资源。

当然，名师工作室网络研修社区模式的运行，还需要借助各方面的支持力量，具体而言既包括教育主管部门组织力量，提供建设网络研修平台的技术支持和经费保障，也包括名师工作室自身要明确分工，提供有研修价值的资源。同时，工作室教师要学习掌握多样化的信息交流方式，实现多种途径的互动平台。

（1）教育主管部门要加强对名师工作室网络研修的经费保障和网络后台

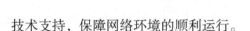

技术支持，保障网络环境的顺利运行。

　　具体而言就是要提供有力的技术支援，为名师工作室的研修活动提供便利的网络交流工具，如建立共享的研修社群、网络研讨室等。

　　（2）名师工作室自身要在实体工作室的基础上明确分工、专人负责和分块落实对网络研修平台的建设，通过模块化的管理、建设机制，使每一位教师都有可以分享的教学专长，同时也有相应的责任与义务。

　　而且，在名师工作室网络资源建设方面我们也要关注分享的资源对于教师专业发展的引领性特点，保证资源的时效性、真实性。从而进一步吸引教师参与网络研修。

　　（3）名师工作室要持续完善网络研修的互动平台，使工作室成员通过在线交流、电子邮件、工作室成员QQ群、个人微博等信息手段进行实时的动态交流。这样，对于工作室领衔名师而言，可以通过网络平台对学员的研修学习进行后续的跟进与指导。及时了解工作室成员的教学动态、教学需求。对于工作室教师而言，可以实现同伴之间的资源共享，加强成员之间的互动交流。

　　总之，基于网络支持的研修模式，既要有教育部门专业技术人员的指导，还需要对工作室教师进行必要的培训，形成利用网络资源进行研修学习的能力与习惯；同时，名师工作室自身要有明确的分工、协作机制，有专门的成员管理、建设、维护网络平台的运行。

第五章 工作室建设的区域整体设计

整体设计抑或是顶层设计，在当下已经成为必然的共识，是更好实现意图的有效推演。良好的设计基础往往是成功的一半。虽然精心设计的路线也会在制度耦合过程中出现偏差。这恰恰说明，要进行更审慎的、更专业的顶层设计。为此，本章聚焦工作室建设的区域整体设计，主要从教育实践的立场审视、发展转向的实践逻辑、建设愿景的价值定位、管理撬动的顶层架构、发展驱动的项目研究、内涵提升的多维考核等工作室建设方面进行阐述，目的是尽可能详尽阐释清晰区域工作室建设的动力机制。

第一节 教育实践的立场审视

推动教育实践或教育改革的设计，必然要思考起点问题，也就是我们是基于什么样的教育价值来展开的。为了什么，是一个永远无法说明白，又永远需要探讨的话题。工作室建设的起点思考来自现实，而制度设计的起点在于教育立场的审视。

一、学生立场：直面具体生长的人

当前许多"挂着改革旗帜、喊着发展口号"的教育改革，往往把精力耗费在了工具、方式与方法等方面，而放弃了人，造成了教育场域中人的缺失。

复归学生立场，重新认识我们的学生，重新基于对学生发展的认识，省思学生的存在状态，发掘学生的发展需求及基于学生的日常生活现实，这些基本追求无疑为当前的学生发展研究带来了一缕新气象。这是学生立场的第一重意蕴，而第二重意蕴是学生的发展目标设定。当前话语系统中谈德育工作主要指向的是学生的道德品质发展，指向的是对学生的成人化管教，这无疑是狭隘了学生发展的复杂性和多元教育性。拓展了学生立场下的学生发展的认识，提出班级日常生活重建中的学生发展应是指向学生的创生性行为、复杂性思维品质、生成性精神品质及终身学习力等方面。第三重学生立场意蕴是从社会复杂性发展的广阔背景下，要指向基于学生积极、主动、自主发展的现代及未来学生的素养。

二、实践立场：直指真实教育的生命自觉

实践立场是核心指向，我们应进行的是实践性的变革研究。其一，根植于对生命自觉的实践关怀，关照的是学生日常生活中的实践探索，要改造的是学生的日常生活形态，而非要创造出似是而非的表演性学校生活实践。其二，根植于学校教育实践的实践性理论研究。不是在象牙塔的书房中炮制的，也不是在文献学意义上的空想，而是基于大量的学校实践基础上创生出来的，是理论的实践性追求，是实践的理论性升格。这样的实践立场造就了理论品格的强大生命力。其三，根植于学生发展实现的实践机制。其指出学生发展是在日常生活中的"实践创生、关系的孕育、自觉的力量及综合的体现"，高度关注学生的日常实践状态，基于学生来发展学生，基于日常来发掘丰富的育人价值，正如哲人所说，追寻的是"未经审视的生活是不值得过"的一种实践关怀。

三、专业立场：实践性变革研究的方法论

在现实的教育研究及教育实践领域中，理论与实践往往被二元对立起来。

专家学者沉迷于理论而不屑于当前的教育实践探索，一线教师认为理论脱离教育实践而排斥理论，而不屑中又在不断用理论指导实践，在排斥理论中又不断陷入理论学习的泥沼中，从而造成教育研究者与教育实践者的隔阂。其一，研究的专业立场，用专业研究的视角审视了学生的日常生活，进行了专业的理论剖析，从而找到实践的理想的符合逻辑的诉求；其二，实践的专业立场，通过引领一线骨干教师开展严谨的专业的研究来推进学生的发展，强调了实践性研究的研究理论品格，强调了实践的方法论，强调教师通过运用问卷调查法、访谈法、叙事研究、个案研究、行动研究法及文献关照等方式开展实践研究，从而导向教师实践的专业化发展路径；其三，追求的专业立场，专业的实践性省思来指向现实与未来的追求，是对学生发展路径和教师发展的专业追求，追寻学生过一种自觉的、健康的、主动的生命化生活发展之路，追寻教师的生命自觉的、综合融通的、专业生长的生活状态及实践品格，破解当前学生工作的散状式的、高控式的、经验式的等现实。

四、创生立场：实践研究中不断自我更新

对于一线教育实践者来说，当前各种纷杂繁多的教育理论既新颖又过时，始终无法对其获取认同感，这是理论拒斥的结果，也是理论限定性的结果。其一，研究内容上的创生立场，其不是推翻所有的基础，创造出新的生活方式或新的表征方式，而是对学生的日常生活进行重建，发掘学生日常生活的育人价值，最大程度上重构学生日常生活中的发展状态。正如叶澜老师所言："活动不同于课程，它给孩子们成长的空间或许应该比课程更大，更自由，要把它还给孩子。"其二，研究取向上的创生立场，整体关照了学生班级日常生活的内部世界和外部世界，并强调了学生班级日常的内部生活和外部生活的综合融通。其三，研究空间及追求上的创生立场，没有进行理论的自我封闭，对学生生活世界研究的开放性，保持了其实践性理论发展的生命力，保持了对新的研究领域和新的生活背景及社会背景的关照和接纳力度。

五、教育学立场：教育学重构中的实践变革路径

当下许多挂名教育改革的种种举措，大多是"头痛医头，脚痛医脚"，挂着各种名目的所谓教育改革流派太多，但是都难以生根发芽，反而好像运动式的一阵风吹过，不断变换山头的大王旗，而基础教育实质的变革却没有实现，反而在某种程度上走向愈演愈烈的恶性趋势，老问题没有解决，新问题又不断叠加。此起彼伏的教育改革运动更致使基础教育的疲倦，对所谓改革的冷漠与抗拒，从而促使基础教育在改革的惯性中延续深化的冷漠的惯习。可以读到基于关系论的教育起源说，基于学生生命生长的学生观，基于教师生命自觉而进行创造性劳动的教师观，基于整合融通的学校教育观，基于打好底色、底蕴、底线的"教天地人事，育生命自觉"的课程观，基于学校是师生成长的生命场的学校观，基于专业的、突破方法论制约的教育研究观等这些探索构成了教育学立场，这也是其跟其他所谓教育或教学或课程改革的不同之处，重建的是教育学学科的生命价值。正如叶澜所言："教育对人的影响是整体的，教育的力量也应该是整体的。教育需要横向的聚合，以促进各领域教育生活的整合融通。"而闪烁着教育规律的智慧之光。这给我们的启示是重新认识学校教育，是要基于教育学立场来变革学校教育，这是教育发展的规律本质所在。

六、传统文化立场：中国式表达的教育内生力量

有好事者称要进行文化复归，学校教育要重视传统文化，要加强传统文化在学校教育的比重，其实质是进一步弱化了对民族文化本身的关注和践行。叶澜教授从"教育是什么"的中国式表达，提出教育要"教天地人事，育生命自觉"，认为"天地之道"是"自然之道""人事之道"是"社会之道"，天地之道和人事之道，通过教育成为每个受教育者内在的"人心之道"。也

提出教育学研究要坚持以"长善救失""以身立学"为研究精神和行为准则。其实质不只是使用传统文化的概念，而是从文化追求、思维本质上关联传统文化脉络，是要拓展认识教育的界限问题，是文化传统的内在关联性问题和发展思路问题，唯其如此，所强调的传统文化才有了根，才有了血脉，而不是空喊多读点所谓国学经典就可以的，也不是所谓的经典诵读就能拯救日益衰微的文化传承。所以，从理论路径上来谈传统文化立场是根植于对传统精神的追求（仁学思想）、是对传统思维基因的衔接（综合融通、关联思维、复杂性思维品质等）、是对学术方法论的寻根（"长善救失""以身立学"的研究精神和行为准则）、是重构学校生活中人的存在方式（四季系列活动）。四季系列活动"是一个基于学校办学理念，涉及'自然节气、人文节庆、生活节律'的整体设计，要体现综合融通的思想"。是以传统二十四节气和传统节庆为根基，拓展关注的是"教育对生命的思考不能只局限于人，还应包括整个自然界"，要重构的是学校教育中的生活节律，不是五花八门的缺乏审慎思考的大杂烩式的学校生活，也不是牵强附会的各种断裂活动的挂名春夏秋冬，而是一种自然生长中的基于自然界、基于社会界和基于精神界的内在统一。

七、情怀立场：成人成事中的理想现实主义

前面所谈的学生立场、实践立场、专业立场、创生立场、教育学立场及传统文化立场，更多聚焦的是社会转型背景下变革性研究的品格，而从更广阔的意义上来说，其情怀立场更是发散出智慧的光芒和成人成事的人格魅力。一种保持了教育理想者的情怀立场，我所体悟的是一种成人成事中的理想现实主义的情怀立场。有人说"教育是理想者的事业""教育是乌托邦"，俗话也说"理想是丰满的，现实是骨感的"，现实中多数人都在理想与现实中进行着钟摆现象。而能够坚持教育的理想信念，并为之不懈努力方有了实践的品性；一种拓展天地人事多元对话的情怀立场，在不断接纳、不断创生、

不断对话中的生成与发展，刻入生命立场的实践路径；一种延伸了学生、教师及学校生命自觉的情怀立场，改革、发展不是停留在话语方式的转变，不是口号式的呐喊疾呼，而是根植于每个人的真实存在状态，是对人心灵的呼唤，是对人生成性品质的关照，是对终身发展的灵魂呼应。

生命是实践之基，实践是存在之基，生命本质追寻的回归，人存在状态的关照。

第二节　发展转向的实践逻辑

区域推进名师工作室（名师工作坊）等举措在当前十分流行。这其中有行政的推动，使这样的教师团队建设能够助力教师专业发展，也是推广教师职业的合作方式。在对已有的关于工作室建设的相关研究分析基础上，针对当前工作室建设所存在的问题，作为实际的管理者和推进者，笔者不断思考的是要有什么样的理念？要有什么样的认识？要有什么样的举措？为此，在已有的基础上，根据区域的发展情况，对区域推进名师（发展）工作室建设的愿景做了如下思考和判断，以期更有效提升工作室建设的效益。

一、从偶像崇拜到共同的教育信仰

这是一个对优质教育资源有无限期待的时代，所以每个人都在追求名师。政府也期望通过培养名师来提高教育教学质量。当人们谈起名师的时候，就冒出了无数崇拜的眼神。然而，就目前的逆向淘汰机制下，教师队伍是一个倒金字塔的结构，名师总是少数的，有的人获得了名师的称号，但有更多的人不是名师。为此，造成一种认定的名师和实践名师的内在紧张。但不可否认的是，不管社会群体还是教师队伍，对名师是偶像崇拜式的。一些老师加入名师工作室往往是因为面子、人情、关系的生产力，从人性的角度来说是因为对强者崇拜的愿景选择。所以，造成了名师的偶像包袱和实践中的欲求落差。事实上，在教师专业发展的道路上，个体名师的成功经验往往是不可复制的，名师的成功往往是偶发性的，是环境、时空、天赋及品质等的共同作用结果。为此，从教师专业发展的立场来看名师工作室的建设，就需要甩掉偶像崇拜的包袱，以教师发展的研修共同体来建设。为此，笔者认为名师（发展）工作室是一批有共同志向和追求的优秀教师共同组成的教师研修共同体。以区域为平台，构建跨校协作的共同体，通过共同确立研究主题，探讨共同发展愿景的方式来，来解决教师专业发展中的个人主义，为发展中的教师搭建共同的平台，凝聚出共同的教育信仰，从而一定程度上摆脱教师专业发展中的行政主义作风，走向专业主义。

二、从经验推广到项目攻关

当前许多名师（发展）工作室的建立，一般来说，是以某个具体的名师为主持人或领衔人的，通过名师带教的方式来实现更多教师的发展。这种机制设计是期望通过工作室的平台，让名师将自己的经验传递给其他教师，从而推广了名师的成功经验。这种愿景是美好的，但是，这样的制度设计忽视了一个问题。在巨大转型变革时期的教师专业发展，已经不是纯粹的经验性问题了。我们应该意识到，在这样的一个大变革时代，经验的价值和理论应用的价值已经在不断弱化，而教师的专业发展道路也不仅是经验获取就能够达成的。大量的研究表明，教育要回归常识，但这种常识的回归不是回归旧有的理论与经典经验，而是要回归与这个变革转型时代相互激荡与对话而产生的新教育理论、新教育实践表达，是走向自主创生和自我更新的实践性变革研究。与时代同行、与专家同行、与理论同行、与同伴同行、与经验同行，其实质意蕴是要不断创生新实践、创生新路径、创生新理论、创生新表达，从而实现新常态、新节律、新境界。为此，笔者认为当前名师（发展）工作室建设不能就经验而谈经验，也不是探寻一个放之四海而皆准的规律，而应是基于成长的方法论层面，从成长实践的方法提取来研究破解新问题，获得新发展。也即目标是发展的，载体是多变、多元的，而方法是共性的。以名师为核心的教师研修共同体通过确立共同的研究主题，进行项目式研修将成为自然的选择。

三、从摸着石头过河到顶层设计

摸着石头过河在很长一段时间以来都是国人做事的基本逻辑。这样的逻辑对未来的发展愿景只是一个模糊的方向，而缺乏明确的目标。这在艰难的选择中，在难以形成共同的认识的基础上，是合理可行的。但如果这种逻辑泛化了，其结果也是可怕的。我们都应该明白，但凡抱着良好的愿景行动，特别是实践性行为本身，到最后都会留下足够多的痕迹来包装，但这也许离我们想要的结果已经十万八千里了。为了更好地让成果形成及愿景达成，有更明确的行动指导，就必然需要进行顶层设计。也就是说，一个行动的展开不必过于匆忙，而应是从容地进行分析判断，从而形成共识，也就是顶层设计。名师（发展）工作室建设是有一定时空范畴的行动，对于已有的基础和可能的路径选择是较为确定的，这为顶层设计提供了可能。为此，笔者认为在名师（发展）工作室建设及区域管理过程中，要强调顶层设计及严抓项目的开题，以此来明确工作室建设的设计思路。其主要强调的是：其一，整体的意识。如何把任期内的行动推进做一个全盘考虑，明确在时间概念上可以做哪些推进，阶段与阶段之间的逻辑关系将可能导向什么，而不是单一地考量要做什么事情。其二，载体的意识。实践行动需要通过具体的载体来表达，当前一些工作室存在载体泛化的问题，也即以教育教学实践为载体，过于宏大叙事，没有聚焦在一个具体的项目上。为此，载体的意识强调的原则是，一要载体的项目化，二要项目的具体化。其三，目标的意识。重点决定起点，目标决定过程。工作室的顶层设计必须关注最终的成果、最终的目标。通过较为明确的目标一定程度上倒推具体的研究过程及研究内容，避免东打一炮、

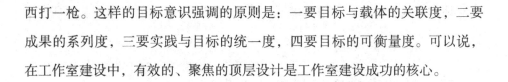

西打一枪。这样的目标意识强调的原则是：一要目标与载体的关联度，二要成果的系列度，三要实践与目标的统一度，四要目标的可衡量度。可以说，在工作室建设中，有效的、聚焦的顶层设计是工作室建设成功的核心。

四、从单向度发展到多向度对话

实践中，多数教师会把理论与实践二元对立起来，老师们常说的是，我们做的是实践研究，高校做的是理论研究。这样话语的背后，既否定了实践是理论的源泉，也否定了理论的实践指导价值。表现在常态的学校教研中，就是"萝卜炒萝卜"式的研究，对已有的理论及已有的研究缺乏关切。所以，在工作室建设中，更多依赖的是领头名师对工作室意志的塑造和对发展的单向度设计。表达为就实践而实践，或者就事务而事务，更为具体的是，就课堂教学而课堂教学，往往将研究的视域集中在四十分钟的课堂当中，表达的是一种表演取向的公开课，而缺乏前移后续的研修设计，缺乏真实的教育教学问题的聚焦，缺乏活动的生长度。教育教学从来都不只是四十分钟的课堂的，教育更多地在日常，在细节当中，企图通过四十分钟的表演式公开课来看到教育的全部，这是对教育复杂性本质属性的最大不尊重。为此，对教育教学的探讨应该是多向度的，应该是在看似无关的活动中，从系统的层面上来聚焦问题解决的不同层面。其一，对话文献，关注所选择主题的已有研究，在纵深的分析中找到切入点，避免重复性探索。其二，对话经典，经典能被称为经典，其核心是因为透视的深度与广度，是因为经久不衰的认识规律。所以在经典研读中，深化对作为普遍性教育规律的认识具有重要的作用。其三，对话实践，强调多元，强调理论，并不是忽视实践，而是让实践探索建立在"巨人的肩膀"上，让实践探索更具有内生性。对话实践有向内的实践对话和向外的实践对话，对内指向教育者本身，对外指向同行及跨界，但从成长角度来说，最终都是指向内生的过程。工作室建设过程中，往往容易出现小团体、小组织的自我封闭，在故步自封中难以有更好的发展。为此，需要通过多向度对话的方式来让工作室散发多元的成长视域，从而滋养工作室载体研究的核心。

五、从偶发性成长到必然性生长

前文中笔者谈到，在教师专业发展的道路上，成功的经验往往是不同的。名师的成长有一定的内在规律，但是从具体的个人来看，往往是偶发性的。如果名师是可以按照计划来培养的，是可以工厂流水线批量生产的，那也就不存在教师的职后教育逻辑。正是因为名师成长的偶发性，我们才要进行大量的研究、探索、培训等，从一般性规律中发现更多的发展可能性。事实上，基于名师（发展）工作室的教师共同体也是偶发性的生长，偶然性生长的关键是遭遇，教师成长中的关键事件往往成就了名师，而非名师有必然的生长逻辑。那么如何在工作室建设过程中将这种基于关键事件从偶然性发生转化为必然性发生呢？只有将发展中的关键事件作为预设存在，方能有效提升名师成长的更多可能性，从而走向必然性生长的逻辑。其一，发现教师个体成长中的关键事件，这种关键可能是一场教研、一个讲座、一次对话等，发现不同教师的关键事件，并在实践进程中进行有效设计，可以提升生长的可行性。其二，对工作室的项目研究进行整体设计，通过假设研究成果框架的方式，为工作室的项目研究提供载体，以高目的性来推动研修的针对性。其三，对行动进行长程设计，把割裂的、散状的活动通过一个载体串联起来，实现一个个活动节点的有效推进，从而提高非节点性时空的成长有效性。所谓的追求生长的必然性，不是说一定能够全纳的必然，而是群体意义上的必然，是有意识的设计及实践中促进更多人的规律性生长。

六、教研主义到科研主义

一直有人说，中国特色的教研制度是中国教育快速发展及成功的经验。在独特的时代背景下，教研制度确实极大推进了我国基础教育事业的发展，也极大促进了教师的专业发展。通过教研，进行基于现场的公开课研讨，为教师提供锻炼的舞台，为教师提供对话研讨的资源，这个确实促进了基于教育教学实践的研究，从而让理念落地，让经验升华。然而，越发追求极致的教研现实不断地异化，公开课的弊端也在逐步凸显。也让多数教师过度依赖于经验，参加教研、参加培训，最大的动力不仅仅是主动的学习意愿，还有各种功利化的追求夹杂其中，也不断倾向于寻找可直接模仿的、可直接在实践运用的套路，而非教育的智慧，形式超越了内容。而许多工作室建立基于经验推广，关注了公开课本身，聚焦了活动本身，往往通过集中力量来做一场场的教研活动，而非推进真实有效的研究活动。如果非要定位教研主义和科研主义的核心，那么，笔者认为教研主义的核心是经验，科研主义的核心是逻辑。我们的工作室既然确定了以项目研究为载体，就必然需要扎实的科研设计，而非将项目研究当成一个帽子。基于项目研究的工作室科研应该有：其一，设计的科研味，科研的核心是问题解决的过程，是对研究方法的合理运用，从而达到问题的解决；其二，活动的研讨味，不再是追求公开课的完美性，而是追求活动研讨资源的生成，通过聚焦研讨课本身来讨论问题的解决与发展的逻辑；其三，进程的方法味，整个工作室建设的进程不再是以教研活动的开展为程序，而是以研究的进程为核心，这种进程的核心是基于问题解决过程的方法选择，以研究方法来串联工作室的整个项目进程。所以，其核心表达的是层层递进式的发展，而非并列式的发展，虽然在活动开展进程中，人是不断发展的，但这种发展是偶发性的。

七、从放任自流到全景保障

纵观当前各地井喷式发展的名师（发展）工作室（工作坊）实践，是因为明晰了工作室对教师专业发展的巨大价值，也极大发掘了教师专业发展的资源。然而，通过比较分析发现，当前的许多工作室建设，往往是启动时轰轰烈烈，过程中推动疲惫，结束时草草收场，绝大多数是成为一纸总结的优秀，而实际起到的成效微乎其微。共有的规律是，有顶层设计，有经费支持，有培训与交流，有终期评价，但是往往缺乏的是合理的过程管理。如果非要概括的话，那就是放任自流，野蛮生长。但在社会事务领域，哪有原生态的自然生长呢？完全依赖工作室领衔人或主持人个人的自觉发展意愿及个人的资源来使工作室更好的发展，需要领衔人或主持人的行政性资源和极大的发展意志力。所以一个普通的一线名师难以摆脱工作日常来推动工作室的延展，所以许多工作室做着做着就消失了。要提高工作室的建设成效，就必然需要提供全景保障，通过多种方式来搭建发展平台。其一，专人管理，过度依赖名师个人的魅力和自觉行为，而没有进行有效的管理及支持，通常是难以形成群体式的效应，专人管理的方式可以强化支持与保障，就不会放任自流；其二，任务驱动，通过为工作室每个阶段设置一些任务，让工作室在完成任务的过程中发展；其三，平台保障，为一些缺乏足够的资源及发展还不够的工作室提供一些平台，可以一定程度上打破当前一些学校间、区域间的壁垒；其四，阶段推进，通过专门管理来实现对工作室的阶段性评价与考核评估，进行阶段化的愿景再凝聚与再发展，可以更好地促进工作室发展的驱动性。从这一层面来说，放任自流的工作室往往就是更依赖偶发性的发展，而在全景保障下工作室建设更能促进必然性生长。这是一个系统性的问题。

八、从行政思维到教育思维

当前各地区的名师（发展）工作室，几乎都是教育行政部门来推动设立的。来自行政力量的支持，是工作室建设的工作逻辑。而当前学校教育的行政化方式来导致工作室建设进程中的行政思维。事务主义、活动主义、过程主义是行政思维在工作室建设上的核心表达，而这往往导致了形式主义，从而影响了工作室是基于教师研修共同体的生长逻辑。我们无法完全规避行政思维的干预，但可以在一定程度上促使工作室走向生长的本来逻辑，这种逻辑应是建立在教育思维的基础上。教育思维是基于学校教育这一独特认识上，是基于教育、基于专业发展、基于实践的表达，在以项目为载体的设计中，其实践表达是从事务主义到研究主义。所以，工作室建设的行为表达应是：其一，将工作室的建设进程与项目研究的进程进行区分，避免事务性工作成为项目研究的过程。其二，将研修方式的探索与问题的解决进行区分，避免将研修方式等同于问题的解决方法。其三，将成果表达与工作绩效进行区分，做了什么、发展了什么、改变了什么是对工作室运作进程的整理，而得出了什么结论、发现了什么、提出了为什么是对研究的表达逻辑，其实质表达为工作室建设的工作报告和项目研究的研究报告。

从什么到什么，并不是必然的发展逻辑，而是对原有的状态进行生成性思考，是在对工作室建设成效上的另一层面的思考与判断，对当前区域工作室建设的一种实践的逻辑省思，着力想要解决的是区域的名师发展与名师工作室发展的问题。

第三节 管理实现的顶层架构

厦门市思明区教师进修学校是教师职后培训工作的管理和指导中心，承担为各级各类教师搭建多样平台、提供针对性学习培训课程的任务。名师工作室和名师发展工作室就是为教师提供的一个专业成长平台，是精心设计的一个有共同愿景的教师"学习共同体"。

一、精准定位：工作室建设的顶层设计

进修学校作为区域性的教师培训机构，需要研究区域教师发展的难题，并为教师的发展提供解决策略。思明区教师的实际情况是：特优教师稀少，但区级以上学科带头人占很大比例。学科带头人是名师成长的一个特殊且关键环节，可以说是教师发展的分水岭，也是教师发展的瓶颈之一。如何促进

不同层级的学科带头人主动发展、持续发展、高位发展？如何发挥学科带头人的引领、示范和辐射作用？经过反复思考和调研，进修学校在区教育局的指导下建构并完善了"青年教学能手——骨干教师——学科带头人——名师发展工作室——名师工作室"5个层级的教师专业发展目标体系。

之所以设计名师发展工作室和名师工作室两个不同的层级，是考虑到思明区名师发展梯度。名师工作室是以名师为领衔人组建的研究共同体，领衔人必须是特级教师、省学科带头人、市专家型教师或第一届名师发展工作室的优秀主持人，以教育教学重难点问题为研究重点，以问题解决的创造性活动为核心；名师发展工作室的主持人必须是区级以上学科带头人，以课题研究为载体，以跨校的教师研修共同体为主要形式，研究主题必须立足于解决教育教学中的难点问题、具有阶段性的研究价值并能够成为教师个人专业特长的项目。

为保证两个工作室运行的质量，在2010年3月出台《思明区名师发展工作室管理办法（暂行）》的基础上，2013年又先后出台了《厦门市思明区名师工作室管理条例》和《厦门市思明区名师发展工作室管理条例》，分别对两个工作室的定位、目标、职责、管理等方面做出了明确的规定，给予制度保障。工作室实行分级管理，由名师管理领导小组（由行政部门及进修校领导组成）、区教师进修学校、工作室领衔人（主持人）和成员所在学校共同管理。在名师管理领导小组的指导下，区教师进修学校负责名师工作室及名师发展工作室的组建、日常指导、协调与管理，工作室领衔人（主持人）和成员所在学校从设备、场地等方面给予支持和保障，三方协力保障工作室的正常运行。名师管理领导小组还在区教师继续教育经费中设立名师工作室专项经费，给予经费保障。

二、规范程序：工作室建设的制度管理

制度的规范和完善是保证工作室正常运行和发展质量的前提，应从保证

工作室的层级水平、创新研修方式、促进发展目标的需求上强化规范管理。

其一，规范工作室人员的构成。思明区对名师工作室的领衔人和名师发展工作室的主持人在职业道德、专业发展、教学能力、科研能力、指导能力上做了具体要求，具体人选在个人申报、校（园）推荐的基础上由名师管理领导小组及区教师进修学校审核认定。每个工作室基本包含 8~10 名同伴，由本校和外校教师共同组成，其中至少应有 50% 的成员为非本校成员，20% 为东部薄弱学校的教师。工作室成员经过自愿申报、校（园）推荐，由领衔人或主持人审核认定初步人选，初步人选经名师管理领导小组审核确认后成为工作室成员。

其二，规范试点课题项目的立项。每个项目的立项都包括自愿申报、校（园）推荐、课题论证、课题立项 4 个程序，由区教师进修学校组织专家对所申报的试点课题研究方案进行三轮论证。领衔人或主持人符合条件且所申报的试点课题研究方案通过课题论证后才可正式确认为领衔人或主持人。

其三，规范工作室的目标管理。两个管理条例均围绕研究项目，从以下四方面评价目标的达成情况：是否提高教师的实践能力和研究能力，实现工作室成员的共同发展；是否产生具有一定应用价值的研究成果，得到初步推广使用；是否培育开放性的研修文化，促进校际间的学术交流；是否扩大名师的影响力，发挥示范辐射作用。

其四，规范工作室的过程管理。两个管理条例都规范工作室申报的过程，要求定期召开工作室例会，建立网络平台，把握工作室的活动状态，定期开展项目研究成果区级展示交流活动，组织专家答辩和阶段性考核。

其五，规范工作室的经费保障。两个管理条例都对工作室的日常研究经费的金额、使用范围、发放做了规定，为领衔人（主持人）和成员优先提供高端学习的机会，对任期考核优秀的工作室给予 1 万元的奖励金。

三、任务驱动：工作室建设的多维发展

区域内设立两种不同定位的工作室，目的在于达成不同层次的发展目标。而唯有明确的任务驱动，才能落实发展目标，促进工作室建设的多维发展。为此，建设工作界定了两个方面的具体任务：

一方面，项目研究是驱动工作室发展的内核。每个工作室都以项目研究为载体。通过分阶段分层级对项目研究的程度进行考核，以推进项目任务的达成。考核形式含工作室自评、成果汇报以及专家答辩等方式，考核的内容主要包括试点课题研究进展情况、研究成果情况、成果推广情况等。另一方面，我们明确工作室领衔人（主持人）、成员、专家导师三类人员不同的职责要求，通过分阶段分层级对工作室自身建设情况、名师作用发挥情况、成员培训学习效果情况、培训经验和成果推广情况进行考核，以驱动领衔人（主持人）和成员的专业发展，创设积极、多元、开放的研修文化。

四、平台搭建：工作室建设的区域性协调

进修学校在具体的工作室建设推进过程中的另一核心职能是做好多方协调，为促进工作室的良性发展搭建平台。

其一，专家指导平台。建议每个工作室可以自行聘请一名专家顾问。顾问定期到工作室，指导工作室确定研究项目、制定工作计划和组织实施；指导并参与工作室组织开展的各项研修活动；指导工作室成员围绕研究项目开展读书活动、撰写文章，及时总结和提炼；推荐工作室成员参加各级各类研讨活动，为提高工作室成员的研究水平、推广研究成果和扩大影响力提供有效帮助。

其二，交流研修平台。进修学校为每个工作室的研修活动在区级平台上发布研修通知，从区域统筹层面保障研修活动的时间、地点和人员参与度，

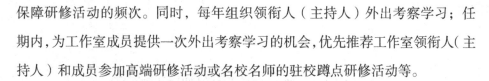

保障研修活动的频次。同时，每年组织领衔人（主持人）外出考察学习；任期内，为工作室成员提供一次外出考察学习的机会，优先推荐工作室领衔人（主持人）和成员参加高端研修活动或名校名师的驻校蹲点研修活动等。

其三，学校支持平台。学校规定领衔人（主持人）和工作室成员所在校（园）从设备、场地等方面给予支持和保障，其所在校（园）应为工作室提供专门的研修教室，创造条件和氛围，支持工作室开展各项教育科研和教师研修活动，支持工作室成员参与工作室各项活动。

五、专职跟进：工作室建设的全景保障

为保障工作室的更有效发展，思明区设立了专门的管理领导小组和专职的项目负责人。领导小组为工作室的整体发展和整体推进提供顶层设计，工作室项目负责人协调具体工作，保障各项制度落地。

其一，研修保障。由领导小组研究确定工作室每学期研修的次数、形式，项目负责人区级层面的通知发布及各类高端研修活动的组织工作。

其二，协调保障。项目负责人负责协调好工作室与进修学校及工作室领衔人（主持人）、成员所在校（园）在项目研究的时间、地点、人员参与、经费发放的关系，负责协调工作室与专家顾问的关系。

其三，指导保障。项目负责人参与工作室的日常研修活动，跟进项目研究的进程，对研修活动的主题明确性、形式有效性、项目研究深度等进行指导。

其四，管理保障。项目负责人定期召开工作室例会（一月一次），及时反馈工作室建设及项目研究的进展情况，指导日常经费的使用和发放。

其五，推广保障。项目负责人协助策划各类区级以上的展示活动，为项目研究成果的推广提供专业指导与平台。

经过 7 年来两届名师发展工作室的运作，思明区已经形成了相对成熟的工作室管理和运行机制，该管理机制在名师的示范辐射作用、教学研究的攻坚、教学实践策略的落地等方面均发挥了积极作用，有效促进了区域教师队伍建

设的内涵发展。

第四节 发展驱动的项目研究

在教师专业发展的道路上，成功的经验往往是不可完全复制的。作为区域推进教师专业发展的重要项目，思明区的名师工作室和名师发展工作室分别承担着不同的角色。如何让工作室基于共同的愿景之下，更有成效，更有指向性，从而强化教师群体的凝聚力，推进区域师资水平的扎实提升？思明区在工作室建设方案设计阶段就提出工作室建设以项目研究为载体，设定了以项目研究为驱动的建设方向。可以说，项目研究是驱动思明区名师工作室和名师发展工作室的核心力，亦是一大特色做法。

一、双向并进：项目研究凝聚工作室实践

基于多方的比较分析，如果工作室建设没有一个项目研究为载体，实践便会流于形式。而所倡导的项目研究是区别于课题研究的。课题研究是聚焦教师实践中的小问题来展开基于实践的行动研究，具有短时性及更趋个体化的特点；项目研究则是基于实践问题而进行的理论建构到实践验证的研究，是理论性、长效性及共同价值取向下的问题解决过程。为此，在各工作室申报组建阶段，工作室的领衔人或主持人既要提交工作室建设申报书，也要提交项目研究申报书。通过对两份申报书的综合评定，以项目研究申报书为核心来确定是否可以立项成立工作室。

名师工作室是以教育教学重难点问题为研究重点，以问题解决的创造性活动为核心，围绕具有前瞻性、引领性的教育教学改革试点项目开展研究工作。区教师进修学校各个部门协同调查了区域教育教学的重难点问题，形成以课堂教学改革、校本课程建设、教育信息化和教师培养为重点的十二个项目。

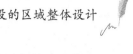

区内符合条件的学科带头人或特级教师可选择项目进行项目研究设计，然后提交审核。最后，通过审核预备立项的工作室项目将向全区教师发布，招募志同道合的教师来攻关解决问题。

名师发展工作室的研究主题主要立足于解决教育教学中的难点问题及具有阶段性的研究价值并能够成为教师个人专业特长的项目，研究项目必须有助于促进教师形成个人的教育教学思想或教学风格。为此，名师发展工作室的项目主要由符合申报的主持人自主选择、设计并申报，并需要在全区范围内寻找有共同需求和共同愿景的伙伴来一起承担项目研究，最后通过进修校组织的立项开题答辩，方可设立工作室。

以项目研究为载体的工作室建设具有以下特性：其一，具有凝聚力，工作室不是名师一个人的，项目是整个工作室共同的追求和共同的任务；其二，具有主题性，工作室的实践是围绕着一个主题来开展的，而不是随意的、任性的；其三，具有双向性，往常在工作室同伴或成员的选择上，主要是依赖于名师个人的名气，而思明区名师工作室和名师发展工作室的吸引力不仅在名师的名气，更在于名师的项目选择，在于名师与同伴或成员、名师与项目、同伴或成员与项目上都具有双向选择的可能，从而提升工作室实践的针对性。

二、严抓立项：项目研究聚焦工作室设计

在课题研究中，有一个说法是：一个好的选题就成功了一半。在工作室项目立项过程中更关注的是项目研究的设计，以项目研究设计来聚焦工作室建设的规划。为提升工作室项目研究的质量，主要采取以下举措：

其一，多方论证。区域符合条件的名师很多，但是能够被立项的不多。因为在名师提出工作室申报过程中，思明区专门组织了专家团队对工作室的项目研究方案进行多方论证。其中，包括有本区专家的一次论证、区外专家的二次论证、专家与名师领导小组组成的现场答辩会论证。只有经过这三次论证的项目研究方能成为工作室建设的基础。

其二，多重培训。虽然名师们大多经历过许多项目研究或课题研究的培训，但是基于工作室项目研究的特殊性，又对入选的工作室领衔人或主持人进行多重培训，培训内容涉及选题细化、方案设计、工作室组织与项目研究整合、项目研究组织方式、研修方式、成果撰写等方面。

其三，多层转化。在申报阶段，领衔人或主持人所拿出来的方案多是简单的，不够详尽。为此，对于通过立项的工作室，还不能马上开展实践研究，要求工作室用一个学期的时间，把项目研究申报书转化为项目研究开题报告，把领衔人或主持人个人或几个人的设计转化为全工作室的共同的项目系统研究方案，把简略的申报书转化为理论与实践设计兼备的行动方案。

用一个学期的时间来严抓立项，项目研究的整体质量大大提升。各工作室后期将项目转化为各级课题申报书，均取得较好的效果，29 个名师发展工作室的项目成功申报国家级课题 2 个，省级课题 9 个，市级课题 12 个；10 个名师工作室的项目成功申报国家级课题 1 个，省级课题 6 个。

三、愿景重构：项目研究凝练工作室期待

常见的名师工作室建设是基于偶像崇拜的实践表征，随着时代发展变化的教师团队文化，是从阶梯式转向为领雁式，是走向基于合作的精神家园的文化。那么，如何促使工作室建设愿景通过基于项目的研究来实现呢？

其一，问题愿景。这是一个提出问题比解决问题更重要的时代，在一些课题或项目申报中往往存在忽视选题缘由或问题提出方面的阐述，教师的项目选择更多基于经验，而非理性的、广域的、整体的思考。为此，在开题报告书形成及研究进程中，要求工作室必须不断进凝练问题，从宏观的背景到子项目研究的问题提出，其实质就是要促进工作室形成问题愿景。

其二，理论愿景。在一线教育中，理论与实践的二元对立是可见的普遍现象。忽视理论指导的实践研究，往往缺失了常识，忽视了实践表征的理论构建也容易失去土壤。为此，项目研究设计及推进中，要求项目研究必须有

理论依据，要求项目实践要不断回应理论，用工作室共同的理论愿景来凝聚教育追求。同时，还要求各个工作室强化对文献研究的关注。基于文献开展研究，形成项目研究的文献综述是工作室开题报告及成果表达的核心要求。

其三，建构愿景。对理论的关照如果只是停留在学习与偶发性的运用上，对复杂的教育系统缺乏关注，那么理论与实践的两张皮现象难以避免。为此，在进行项目研究中，需要经历从问题到理论溯源、从理论溯源到理论建构、从理论建构到实践验证、从实践验证到实践经验提炼的发展过程。强调工作室项目研究对所开展的研究进行基于实践性问题的分析框架建构，以增强工作室项目研究开展的同步价值取向，避免在子项目研究及阶段推进研究中偏离研究本体。

其四，框架愿景。实践的特点是边做边思考，缺失的是一个系统的研究设计，目标性不够强，经常发生目标偏离的现象。一般的教师行动研究也是基于实践的问题需要，是应急式的问题解决，缺乏主题，从而导致研究主题的泛化而无法深入。工作室项目研究立项之初直至工作室终期结业，通过方案设计要求、榜样引领、模版呈现、过程指导及成果表达要求等方面不断渗透项目研究要有成果框架的愿景。这样的框架愿景是基于项目研究目标分解而不断细化研究内容的实践，指向的是项目研究走向系列化、模块化、阶梯化、层次化，从而促使研究思路更清晰、研究内容更明确、研究进程更有效、研究成果更系统。其主要呈现为两个方面：横向方面，工作室成员或同伴子项目研究的分离与统一；纵向方面，项目研究阶段推进的层层深入。

四、阶段推进：项目研究把控工作室节奏

一些工作室建设经常是有开始没有结束，结果在层次递减中消亡。思明区在工作室建设的顶层设计中，明确规定了工作室是四年任期制。在四年任期内，为了促进工作室更有成效地发展，也是基于工作室以项目研究为载体的特点，在尊重工作室个性化设计与实践的基础上，对工作室的阶段推进工作重点提了一些共性要求。

（1）立项开题期。从 2013 年 12 月底工作室立项文件发布之日至 2014 年上学期结束，要求各工作室对项目研究方案进行丰富和完善，完成开题报告并制定详细的四年发展规划方案，并在 2014 年 6 月底开展项目研究的开题报告会。只有通过开题审议的，方能进行下一阶段的工作。

（2）理论内化期。2014 年 7 月至 2014 年年底，各工作室的主要任务是进行工作室的组织、文化、团队及基于项目研究的理论学习与理论内化，并基于理论进行项目研究的分析框架建构。本阶段以工作室理论学习、经典研读、理论探索为主。

（3）试点实践期。2015 年年初至 2015 年 12 月，为工作室进行项目研究进行初步实践探索阶段，主要工作是在工作室团队范畴内进行课堂教学的实践探索，初步检验所构建研究理论框架的合理性。

（4）调整深化期。2016 年年初至 2016 年 12 月，为工作室项目研究的调整与深化研究阶段。团队应对项目研究中的主要问题进行深入探索与实践。

（5）反思展示期。2017 年初至 2017 年 7 月，为工作室项目研究的反思与展示期，需要各工作室对项目研究的情况进行系统的、整体的回顾与思考，进行项目研究的评价，在工作室内部进行深度的对话与研讨，并实现对外的交流与展示，推广项目研究的教育教学实践成果。

（6）总结梳理期。从 2017 年 8 月至 2017 年 11 月，为各工作室进行项目研究成果的系统总结与梳理阶段，避免工作室的草草收场和成果质量的不高等现象。各工作室需要在项目研究初期所设计的成果框架内完成工作室项目研究的成果文集或书稿，并进行终期答辩。

当然，以上这些分期只是一个大致的管理建议，不是绝对统一的要求，各工作室在具体实践过程中，可根据其自身发展情况进行调整。

五、多元评价：项目研究提升工作室成效

在具体实践过程中，评价往往是最困难的，也是最重要的。于整个项目

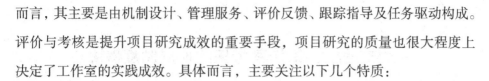

而言，其主要是由机制设计、管理服务、评价反馈、跟踪指导及任务驱动构成。评价与考核是提升项目研究成效的重要手段，项目研究的质量也很大程度上决定了工作室的实践成效。具体而言，主要关注以下几个特质：

其一，规范性。没有规范的研究设计与研究过程，项目研究是难以有成效的，甚至经常会偏离正确的轨道。为此，在项目研究推进的过程中，高度重视规范性，诸如申报书的规范性、开题报告的规范性及设计与研究过程的规范性等方面。

其二，发展性。项目研究评价的目标是诊断，是指向工作室的良性发展和项目研究的有效推进。不能推进项目研究更好发展的评价是无意义的，单纯的任务完成或数据统计也是没有意义的。为此，注重循序渐进式地给予工作室项目研究不同的发展愿景和指导，从而拓展项目研究的发展空间。

其三，多元性。项目研究是专业化的、学术化的研究倾向。为了保障工作室项目研究的质量，在同一阶段为各工作室聘请不同领域的专家进行指导，在不同阶段为工作室聘请不同层次的专家进行评价，既尊重工作室项目研究的专业性，又关注实践的有效性与理论研究的准确性，基于多元的、不同的视角来发现问题，促进工作室整体不断提升认识发展水平。

第五节　内涵提升的多维考核

一直以来，考核评价都是最难破解的问题，往往存在"一放就散，一管就死"的现象。这受制于整体的文化环境和制度环境的影响，也受限于具体项目和具体考核评价内容的影响。思明区在推进名师工作室和名师发展工作室建设中，基于工作室项目的特殊性、专业性、离散性及复杂性的考虑，在考核评价设计及实践中，秉持追求考核评价的生长、灵动、落实、实践等特质；在实践过程中，探寻出了一条多维考核的路径，以促进工作室的建设意图能够真正得到落实。

一、底线式考核：工作室考核的顶层制度保障

所谓底线式考核就是制定工作室工作实践的最低要求，是每个工作室必须完成的任务及目标。在工作室项目成立之初，就高度重视给予制度保障，思明区名师工作领导小组便整合各方力量制定了《厦门市思明区名师工作室管理条例（试行）》和《思明区名师发展工作室管理办法》，以教育局红头文件形式下发全区所有学校，从成立之初，就以文件的形式与工作室定下考核的契约。

对名师工作室的考核要求如下：考核对象为名师工作室、名师工作室领衔人及成员。名师工作室及领衔人的考核由名师管理领导小组负责，成员考核由名师工作室领衔人负责。考核的主要内容包括试点课题研究进展情况、教育教学科研成果情况、工作室自身建设情况、名师作用发挥情况、成员培训学习效果情况、培训经验和成果推广情况等。考核结果分为优秀、合格和不合格三个等级。过程性中期考核"不合格"者将摘牌并取消待遇；考核"优秀"者将予以表彰和奖励。

对名师发展工作室的考核要求如下：通过工作室自评、阶段汇报以及专家答辩等方式对名师发展工作室的课题研究进展情况进行考核。考核的主要内容为：组织开展课堂教学研讨活动（课例）；组织开展读书交流活动；主持人的专题讲座；主持人发表的 CN 论文；主持人参与工作例会及研修活动；成员参加各级行政部门组织的教学技能竞赛；成员撰写的论文、案例、教育叙事或教育日志等。

在具体的管理办法中，也对具体的研修活动、示范性活动、课题研究、讲座、公开课及论文发表等方面都作了细致的规定，以文件的形式规定好工作室必须完成的最低工作量，从而保障工作室运行的实践成效。

二、阶段式考核：工作室考核的纵向机制推进

为规避工作室建设推进过程中的"虎头蛇尾"现象，在工作室的运行管理过程中创设了全程监控、阶段推进的机制，实行年度考核、中期考核、终期考核及工作室专职管理人员不定期调研等相结合的方式。

其一，年度考核。思明区第一届名师工作室和第二届名师发展工作室是2013年12月正式立项的。其后每年的12月都对工作室进行年度考核，工作室须提交年度计划、年度总结及各项数据汇总，由区名师工作领导小组对工作室研修活动、讲座、公开课、读书活动、论文发表、示范辐射作用等方面进行考核（定性与定量相结合）。考核通过色工作室方能领取该年度的工作室奖励金。工作室成员的年度考核则由工作室自行进行，最后由区工作室管理人员进行年度考核的反馈及工作布置。

其二，中期考核。中期考核是对工作室运作两个年度后的一次重要评估，专门聘请各级各类专家对工作室的项目研究情况及工作室的工作情况进行答辩式评估，以确保工作室工作成效及项目研究方向不偏离。同时，由工作室进行工作室成员及同伴的考核，考核不合格及自愿退出的提出申请并由成员或同伴所在学校盖章及工作室领衔人或主持人签字方能退出，随后由工作室提出补充成员或同伴的申请，由进修校进行统筹安排并存档。

其三，终期考核。思明区工作室的挂牌运作年限是四年，到期后将由区进修统一对工作室的项目研究情况、工作情况及各项任务完成情况，分批次、分项目、分类型聘请各层级各类型专家进行考核，评定结果。

三、平台式考核：工作室考核的跨界机制弥散

如果说前两种考核是基于传统管理理念，是生硬的、数据的、任务式的、制度的考核，那么为了促使工作室实现专业化的、灵动的、弥散的、自觉的考核，设置了平台式考核。

（一）基于任务驱动要求的跨界

通过规定工作室必须完成多个层级平台的专业展示，来促使其获得专业评价的认可，以推动高位、实效性的发展：其一，区级展示。名师工作室和名师发展工作室四年任期内必须完成两次的区级展示活动。由工作室管理人员、区各学科教研员和工作室协商搭建展示平台。其二，市级展示。名师工作室和名师发展工作室四年任期内必须完成一次的市级展示活动。需由工作室自行与市各学科教研员争取获得展示机会。其三，省级展示。名师工作室四年任期内须完成一次，主要是争取能够将工作室的研究经验送出市一级，在更加多元的舞台上展示。这是一种弥散式的考核，其实质是推动工作室研究的专业化，通过任务驱动的方式，促使工作室在专业上获得更多认可。没有同行专业认可的工作室项目研究只能是自娱自乐的活动，无法实现高位发展。

（二）基于不同引领平台的跨界

名师效应可能产生一种自闭的现象，为了解决不同工作室间的自我封闭和缺乏沟通对话的问题，采取了多种方式：其一，基于专业阅读和建设经验的工作室领衔人和主持人考核。为保障工作室项目研究具备理论性，更加专业化，为领衔人和主持人购买了大量的基础理论书籍，并通过定期读书交流的方式进行内化和分享式阅读；同时，定期开展围绕工作室建设经验的工作室领衔人或主持人团队内的分享与对话研讨，促使经验的多元传递与生成。其二，基于工作室建设实践的工作室团队展示考核。为了解决工作室实践中可能存在的封闭性问题，要求工作室研修活动必须对工作室全体领衔人或主持人开放观摩，并组织互动点评，从而推进工作室建设的多元交汇。其三，基于互动对话的跨区域工作室交流考核。积极推进工作室的跨区域交流，支持并鼓励区内工作室与其他区域的工作室开展对话研讨、交流互评活动，以提升工作室运作的视野。

（三）基于多元主体认知的跨界

名师是专业的名师，是在一定区域内具有极高知名度的专家。对于名师的考核如何有说服力，如何能够规避专业权威的效应，是考核有效性的核心所在。为此，需要在谁来考核上下功夫。思明区名师工作室及名师发展工作室的考核主体选择采用了多元构建方式，行政主体与专业主体相结合，理论主体、实践主体与一线主体相结合。其一，选聘一批专业的高校专家为考核主体。在全国各高校中选择教育理论专家和学科教育专家对工作室的项目研究进行立项评审和结题答辩。其二，选聘省、市、区各学科教研员及其他一线名师为考核主体。不同层级的教研员及名师往往具有丰富的教育实践经验和较高的科研水平，能够从实践层面及基础教育科研方法上对工作室的项目研究及研修方面进行公正、客观的评价。其三，通过问卷调查及个别访谈的方式抽样一线教师为潜在考核主体。对于工作室项目研究、各级展示效果的好坏，非工作室成员的参与者会有直观的感受。为此，每次活动均设计开放式问卷进行抽样调查，并通过个别访谈了解真实的实践成效。

四、双轨式考核：工作室考核的不同实践表达

在对比研究了一些地区工作室的考核要求中，发现共性的是集中展示、答辩、汇报等方式，主要的考核项目还是集中在工作室宏观层面，其实质是对工作室领衔人或主持人的考核。然而，思明区的工作室运作是以项目研究为主体，以工作室建设推进项目研究的完成，其重心既要解决项目研究的问题，也要实现教师的专长发展。为此，思明区的名师工作室及名师发展工作室考核采取了双轨式，即将工作室领衔人或主持人考核与工作室成员考核、工作室的运作考核与项目研究考核分开进行。

（一）工作室领衔人或主持人与成员考核

实践中，将工作室考核与工作室领衔人或主持人考核统一起来，除了常

规性的汇报、答辩，重点关注工作室项目研究及整体运作情况。对工作室成员的考核具体表达为"五个一"，分别是两年内一个基于工作室项目研究下的研究主题、一节公开课、一篇教育叙事、一篇论文及一个讲座。"五个一"统一聚焦于一个主题，从而实现工作室成员的整体性发展。这其中工作室考核由教师进修学校统一安排，对成员或同伴的考核由教师进修学校划定要求，但具体实施主要由工作室领衔人或主持人完成。

（二）工作室运作考核与项目研究考核

其一，工作室的项目研究考核。思明区的工作室是以课题研究来驱动的，为此，在考核中要求工作室需完成规范的课题研究报告及项目研究成果文集或书稿，呈现工作室课题研究的问题提出、问题分析、问题解决及研究结论等方面内容。进而，再由专家组进行项目研究成效的综合评价。

其二，工作室的运作考核。这主要由各个工作室对四年以来工作室的建设、研修方式、工作室的运作机制、工作室发展及工作室经验辐射等方面进行总结，提交工作报告，并进行专家组答辩来评定。

最终，工作室的综合考评是基于工作室的项目研究报告和工作报告两项的成绩来得出。

五、愿景式追求：工作室考核的长效发展可能

思明区的名师工作室和名师发展工作室是任期制的，四年任期后通过终期考核后就自动停止授牌了。那么，工作室多年实践成效如何进一步生长，如何扩大工作室的未来空间呢？为了解决这样的困扰，对"后工作室时代"的发展问题作了展望。

其一，专著模式的可能，即推动工作室项目研究成果进一步提升，形成书稿。在多年的研究过程中，多数工作室形成了较好的研究成果，对推进一线教育教学具有重要的价值，推动这些成果朝着专著的方向发展，将有利于

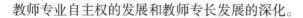

教师专业自主权的发展和教师专长发展的深化。

其二，教师培训课程模式的可能。工作室的项目研究模式决定了工作室的成果是多元的，不仅是一些公开课、讲座，还有大量的实践性理论和专业理论实践性的表达，通过引导"后工作室时代"的领衔人将多样化的成果转化为教师培训课程，可以更好地带动教师专业发展。

其三，再工作室模式的可能。结束这一期的工作室后，有意愿的工作室领衔人或主持人可以再申报下一任的工作室，从而对项目研究进行深度挖掘，解决延伸问题。

考核评价是复杂的，也是多元的，需要不断转化的是对考核评价的认识，从多维的角度来认识考核评价，纠正考核评价是为了得出一个结论这样死板生硬的教条式认识。考核评价的核心是促进更好的发展，是诊断、是指导、是改进、是生长。为此，推进名师工作室及名师发展工作室建设过程中，以上所谈的考核评价是广义的考核，是管理的延伸。

第六章　名师工作室的项目研究机制

区域工作室建设是以项目研究为载体，追求工作室研修共同体在问题解决过程中，形成各自的教育主张及教育教学风格，也同时助力区域重难点问题的破解。设想是美好的，然而当前项目研究中存在的种种问题，影响了成效。为此，本章介绍的是区域在对当前项目研究省思后，从宏观、中观及微观三个层面提出解决对策，并着力分析了工作室建设管理过程中以微观实践策略来撬动工作室的项目研究成效。

第一节　项目研究的问题及成因分析

"项目"通常指需要经探索、研究或讨论解决的问题。《现代汉语词典》把项目解释为："研究或讨论的主要问题或亟待解决的重大事项。"项目是指为解决一个相对独立且单一的问题而确定的最基本的研究单元。通常在项目研究场域中，将项目研究的确立称为立项。项目和立项既有区别又有联系，项目是科学研究的最基本单元，具有较为单一而又独立的特征；立项则是由若干个彼此有联系的项目所组成的一个较为复杂的、带有综合性的科研问题。

当前，教育领域中因为提高教育质量、提升教育品位和促进教师专业发展的需要，中小学教师项目研究变成了一个热门的实际行为，形成一片火热的景象。相对于项目研究而言，教育项目研究是指"用先进的教育理论作指导，选择教育教学领域有价值且有待解决的问题，应用科学研究方法，通过分析问题、研究解决问题、有效表达等推广应用成果的认识和实践过程。客观上来说，中小学教师进行项目研究不仅能够促进"教师专业成长"，也是"解决实际工作问题的需要"。然而，在当前全民教育科研、全民申请项目研究的现实背景下，中小学教师项目研究中也存在一些不容忽视的问题。本研究在实践观察的基础上，展开对中小学教师项目研究的研究，并提出相应的对策以期能够提升中小学教师项目研究的有效性。

一、存在问题

中小学教师开展项目研究的运作存在诸多问题，笔者从具体的实践感悟和观察研究出发，主要从以下四个方面来论述。

（一）功利化

功利化是当前中小学教师项目研究中的主要问题。虽然不排除很多教师热爱研究，但当项目研究与评职称及同绩效考核相联系时，很多教师就一哄而上，拼命申请项目来做。当前很多地方教师职称评定要求教师必须主持或参与过项目研究，因此出现了很多不在场研究的项目挂名者。而当要求进一步需要主持项目时，又出现了原本冷门的项目申报一下子被挤爆的现象。这也侧面说明了很多时候是功利性在推动着中小学的项目研究。"项目热"的背后无疑也暴露了教师研究兴趣的缺乏。"项目热"并不是基于教师的自觉行为，不是因为所有的教师都对项目研究感兴趣。事实是很多教师申请项目研究的动机是基于绩效考核和职称评审等方面的需要，而除此之外，教师们往往缺乏研究的兴趣，甚至认为项目研究将增加教师本身的负担以及认为项目研究意义不大。

（二）虚假化

中小学教师项目研究的虚假化是指项目研究中的真项目假做和假项目研究。真项目假做和假项目研究都是当前项目研究中虚假化的两种表现。其一，真项目假做是指有一些申请到的项目研究仅仅停留于申请书的层面，并没有按实际的设计展开研究，往往在需要检查和需要结题的时候临时突击，制造一些虚假的项目研究成果。其二，假项目研究则主要呈现为：项目是基于行政命令或是基于学校发展或课程改革的需要，这并不是由教师或学校发展的内在需要及自我觉悟而引发的项目研究。

（三）低效化

中小学教师项目研究另一突出问题是项目研究的低效化乃至无效化现象明显。中小学教师开展项目研究的本质取向是为了解决中小学教师在日常教育教学活动中所遇到的教育教学问题，以研究的方式来推进问题解决，来推动教育教学改革，来促进教师的专业发展。然而，目前校园"项目热"的现象并没有实质了解项目研究的本质意蕴，导致中小学教师项目研究存在诸多项目研究无效性现象。其表现为：其一，项目本身的选题是假问题，即选题无效；其二，项目并没有具体结合实际的教育教学活动，很多都是凭空臆想出来的；其三，所谓的研究成果没有效用性，既不能反映具体真实的情况，也无法解决实际问题，当然这与当前考试导向的应试教育也有一定的关系。当前中小学教师项目研究的有效性更多停留在制度层面，是教师考核和职称评定所不可或缺的一部分而已。

（四）形式化

中小学教师项目研究的形式主义现象问题较为突出，严重影响了项目研究的有效性。然而这里的形式主义并不是指其项目研究的形式规范、完整，所做项目在形式上把握较好，其形式主义问题表现在以下三方面：其一，在课堂研究形式和规范上还存在较多不足，当然这里也有中小学教师项目研究的水平、能力和意识有一定缺陷的原因；其二，项目研究关注实质性的内容较少，很多时候是为了项目研究而进行项目研究，没有将具体的研究规范化地展开，往往在诸多的程序上完整，在材料成果上较为关注，而对材料的使用、方法的落实和实践的证实上，也即项目研究科学性的保障上较为薄弱，甚至有的就是流于项目研究的形式化。其三，在项目研究管理上的形式主义问题。虽然，为中小学教师进行项目研究设定了规范的项目申请制度、项目评审制度、项目督导检查制度、项目结题制度等，在制度设计上对中小学教师项目进行了规范，然而在实际操作过程中，这些制度操作流于形式，并不能有效地保障项目研究的规范性、有效性和科学性。

二、原因分析

中小学教师项目研究中所存在的问题是多方面原因造成的，既有社会原因，也有教育培训原因，还有大环境的原因等。本研究主要从认识偏差、制度缺陷、研究者自身能力不足和监督管理力度不够等方面来具体阐述。

（一）认识偏差

中小学教师开展项目研究本质上是促进教师专业成长，是教师解决教育教学活动过程中存在的问题以及当前教育教学发展和改革中的一种重要方式。由此，中小学教师进行项目研究本身应该是教师的一种自发或自觉的行为，应是教师在日常教育教学活动过程中一种习惯性的策略和行动。然而，当前许多教师认为项目研究是教育教学工作中额外的负担，也有的认为项目研究是没有意义的，也有的认为项目研究就是为了职称评审，也有的认为项目研究是研究者的任务而自己的任务仅在于进行实际的课堂教学活动。这种认知观念下，许多教师自然缺乏研究兴趣，也无法意识到开展项目研究的重要意义所在。因此，在功利性目的的导向下，中小学项目研究出现了种种乱象。

（二）导向驱使

制度是现代社会生活的必要条件，社会的运行也为人们设定了一系列的制度规范。"制度是一个社会的游戏规则，更规范地说，它们是为决定人们的相互关系而人为设定的一些制约。制度的本质是对个人行为和社会关系的一种约束和控制，它通过形塑个体选择从而影响社会运行。"而一个评价制度对人们是具有导向作用的，当前的教师考核评价制度促使了中小学教师项目研究"热"，致使中小学教师项目研究泛化。"教师技术职务的评审条件中，项目研究和论文是两个很重要的砝码，在有的地区甚至具有'一票否决'或'一锤定音'的作用"。这种导向和舆论下，就促使中小学教师不得不或表面热衷于去申请项目研究，不管是否需要，不管是否具备足够的条件和能力，即使没有兴趣进行项目研究，也因为这些评价制度而前赴后继。这种现实境遇直接导致了项目研究的功利化倾向，也在一定程度上影响了教师的教育教学精力和教育的信念与理想。

（三）水平不足

中小学教师项目研究低效乃至无效的一个很重要的原因是中小学教师项目研究的水平和能力有所欠缺。究其原因如下：其一，部分中小学教师缺乏项目研究能力的相关训练和经验，在具体的科研程序、科研规范上明显有所不足；其二，在项目选题和提炼上的科研视野有所不足；其三，在研究方法的运用和操作上还有待提高；其四，在科研成果总结提炼上，特别是科研论文的写作，如何将实践经验、成果提炼升华成为规范的科研成果、论文等方面尚有待进一步的能力提升。教师的科研能力和水平往往决定了项目研究成果的推广度，提升教师的科研能力对中小学教师项目研究具有重要意义。

（四）监管不够

相关部门或机构对中小学教师项目研究监督管理力度不够则是研究低效的另一个重要原因。虽然，目前在制度上设计了项目申请评审制度、项目中期检查制度和项目结题报告制度等，然而在具体的操作上往往流于形式，不能有效地对项目研究进行合理正确的监管。其一，通过专家评审的项目申请核定制度，存在一定的制度空间，给权力干预和人为不公干预留下了可能性，往往有关系的或知名人士更容易获得申请；其二，项目申请制度在申请人员的资格上过于苛刻，不能给予所有人公平的待遇；其三，中期检查督查形式化，并没能对整个项目研究过程进行合理地评估；其四，项目结题过于注重文本的成果，而不注重对项目研究程序、过程性资料和成果评估方面的评审，从而导致部门项目研究成果虚化。

第二节　宏观分析项目研究成效的提升

针对当前中小学教师项目研究中存在的紧迫问题及具体的原因，笔者认为应从以下几个方面来解决，以期提升中小学教师项目研究的有效性。

一、　变教师观念

中小学教师开展项目研究中存在的种种乱象是由多种原因造成的，对于解决之策，从教师本身出发应是转变教师对开展项目研究的认识。其一，开展项目研究不是形式主义，是基于教师日常教育教学活动中的存在的问题解决的一种方式方法。其二，通过系统的、聚焦的项目研究有助于教师加深对教育教学活动的认识，并能从不断的摸索中形成、总结、提炼、升华自己的教育教学经验或成果。其三，当前项目研究中存在的种种问题，既有制度的原因，但更多的还是教师自身缺乏研究的技能技巧，对项目研究的把握不到位造成的。教师应能自觉地将自己日常的一切行为与项目研究结合起来，项目研究不是额外的孤立的行动，而是教师日常教育教学活动的系统化和体系化。其四，应正确认识到项目研究并不是神秘的，也不神圣，只是解决问题的一种规范化的操作方式，是一种科学取向的思考和行为系统。

二、提高监管力度

针对在中小学教师项目研究的监督管理力度不够的现象，应从几个方面来提高监督管理的有效性：其一，调整完善监督管理制度设计，坚决避免非学术因素影响项目评审制度，严格执行项目申请、评估和项目结题审核制度；其二，对项目结题报告进行评估，对成果评估不合格的项目不给予结题；其三，改进当前的项目中期检查制度，增设不定期开展项目检查制度；其四，对不能按期按计划完成的项目进行调研和评估，如果非学术研究因素就对项目负责人进行惩戒或制裁；其五，在项目结题管理监督中要注重对过程性资料的核查与对项目研究程序的督查。通过以上等方式在监督管理制度等方面来提高教师项目研究的有效性。

三、设立科研副校长制度

针对当前基层学校开展项目研究有效性较低和教师展开项目研究能力不足等方面的问题，基层学校可以谋求与高校及区域教师进修学校合作，引进专家指导教师开展项目研究，即设立科研副校长来指导教师项目研究，由专门的研究者担任。该合作主要可以表现为以下两种方式：其一，重在指导。由科研副校长来全程帮助教师，定期对教师进行科研能力的培训、指导，在项目选题、项目规范化研究、项目成果总结提炼升华和系统化的问题解决等方面进行全方位的指导。其二，重在合作。中小学教师申请开展项目研究谋求以作为科研副校长的高校专家进行项目合作研究，将自己的项目研究纳入高校专家的项目研究范畴中或是将专家作为项目顾问或是项目组成员。由此，来提高中小学教师项目研究的有效性和针对性。

四、强化科研培训

在我国，教师展开项目研究或行动研究时间不是很长，很多教师都是在摸着石头过河，缺乏教育项目研究的知识和能力储备，往往基层教师积累了许多的实践问题和经验，但是无法通过严格的项目研究来解决问题和总结升华实践经验。因此，需要借助培训提高教师科研能力。培训的课程内容应涵盖：其一，项目申请的规范、程序；其二，科研方法；其三，规范地展开项目研究的操作方法；其四，项目成果总结提炼升华的能力；其五，发现问题、提炼问题能力及选题的洞察力等。在培训方式上，应理论与实践相结合，采用案例教学方式，注重教师操作能力的掌握。在培训模式上，可以展开专题性培训、系统培训和有针对性的具体指导等。

五、调整操作方式

开展项目研究最早较多在高校进行，其后为了较好促进教师专业发展、促进教育教学改革和提升教育质量，教育行政部门鼓励中小学教师开展项目研究，进一步在制度上提出了开展项目研究的要求，如职称评定的项目主持和论文发表要求等。应该认识到，高校和中小学教师开展项目研究的不同，高校更多的是侧重生产理论、创新理论知识，而中小学教师则重在解决日常教育教学问题、重在提炼升华教育经验或成果和将理论或成型的经验运用于具体的教育实践。两者不同的取向，决定了不能以高校的标准来要求和评价中小学教师的项目研究。因此，应当要调整当前按照高校模式所设定的项目研究方式和操作取向。其一，弱化教师项目研究的门槛，让项目研究深入到教师具体的教育教学实践中，以行动研究推动教育教学改革，以行动研究促进教师自我教育风格和教育智慧的生成，以项目研究来促使教师成为研究型的专家型教师。其二，对中小学教师项目研究应鼓励以行动研究为主，其他研究为辅。其三，在项目申报等要求上不能与高校同一，低要求但是严格重视操作的真实性和有效性。其四，引导教师开展验证性的项目研究，将成功的教育经验和成型的教育理论在具体的教育教学情境中运用，不主张中小学教师开展创新性的高难度项目研究。中小学教师项目研究的特殊性决定了对其要求不能与高校趋同化，而应化其为教师日常教育教学活动中的一种方法手段，将其自觉融入教育教学行为中，成为一种基本的思维方式。当然，无论如何，应对项目研究的真实性和程序性科学都应有严格的要求。

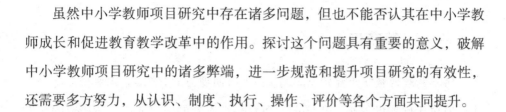

虽然中小学教师项目研究中存在诸多问题，但也不能否认其在中小学教师成长和促进教育教学改革中的作用。探讨这个问题具有重要的意义，破解中小学教师项目研究中的诸多弊端，进一步规范和提升项目研究的有效性，还需要多方努力，从认识、制度、执行、操作、评价等各个方面共同提升。

第三节　中观分析项目研究成效的提升

当前教育科研在中小学呈愈演愈烈之势，这其中有教育界认识到学校科研兴校、科研兴教的重要价值，认识到中小学教师开展教育教学研究是促进教师专业发展的重要方法等的相关原因，同时其也受到教师职称评审制度要求中小学教师必须开展各级各类教育教学研究的影响，中小学教师的项目研究和教育科研论文的写作呈现井喷式发展，历年基础教育各级申报教育科研项目有如过江之鲫。然而笔者通过研究调查发现，当前许多中小学教师的项目研究成效并不理想，存在不少假项目、真项目假做、应付交差了事、混参与、混证书等现象，致使项目研究的实际成效堪忧。针对中小学教师项目研究的研究目的、研究方式和研究现实，从中小学教师作为研究主体的维度出发，可以从加强中小学教师项目研究过程中的问题意识、本体意识、文献意识、方法意识、成果意识和规范意识等方面入手，以达到提升中小学教师项目研究的成效。

以上所谈关于教师项目研究中的几种意识是指向教师科研能力构成部分中的研究意识。意识是指"心理反应的最高形式，是人所特有的心理现象，它是人在劳动中，用语言与他人交往的过程中在社会历史条件下形成的。"一般都认为意识是"对外部刺激和内部心理事件的觉知"。要加强教师的研究意识，实质是指教师作为项目研究主体，对所进行的研究进行自我觉知的过程，并达到以这种自我觉知来监控研究的品质。

一、问题意识

科学的教育教学研究始于问题。一个科研项目的好坏、价值和成功与否，往往取决于问题的好坏。正所谓"教育科学发展的历史就是它所研究问题发展的历史，是问题的不断展开和深入的历史，就研究者本身而言，在自己研究领域内发现和提出一个有科学意义的问题，本身就是认识的成果"。善于提出问题是进行教育教学研究的关键。当前中小学教师项目研究选题中往往缺乏问题意识，主要表现为：其一，没有问题，即所提出的问题是一个假命题，所进行的项目研究没有要解决的现实问题。正如语言分析哲学家所言，历史上的许多哲学命题都是伪命题，经不起语言逻辑的分析推敲。同理在教育教学研究项目中也往往缺乏基于教育教学现实问题的逻辑起点。其二，问题过大，不符合中小学教师的研究现实。问题太大的原因是没有选准研究的切入点，不明确所要解决的具体问题是什么，不明确要破解问题的剖析面是什么。其三，选题表述的问题缺失与逻辑矛盾。部分项目选题在论述过程中明确了具体的问题，但是在选题表述中不清晰，口号式表达或存在逻辑矛盾。中小学教师在项目研究中，要有问题意识，应明确：项目研究要解决的具体教育教学问题是什么；所选问题宜小不宜大，要切合中小学教师的现实实践背景和能力背景；所选问题应有明确的选题域，如是教学策略类，或是研究学生课堂评价类，或是研究课程问题类等；所选问题应紧跟时代的发展需要，也就是要立意高远，与时俱进，切入视角应聚焦；选题表述要遵循已有的研究背景和研究领域的通用学术术语。

二、本体意识

谈起本体意识，容易让人想到哲学中的本体论的概念，哲学中的本体论通常意指哲学中关于宇宙万物之最普遍、最一般、最根本、最高的根据、本质或基础的知识或理论。本体论的研究对象既可以是"存在"，也可以是"实体"或"本体"。实体是客观世界中存在的且可互相区分的事物。实体可以是人也可以是物体或实物，还可以是抽象概念。这里的本体意识就是根据哲学本体论中的实体或本体来理解的，项目研究中的本体意识是指在推进项目研究的设计、论证和实施的过程中，都要能抓住项目研究的根本性问题和本质研究对象。在中小学教师项目研究中，往往容易出现偏离项目研究对象本体的现象，主要表现为：在研究定位中不准确，答非所问；在研究设计过程中，缺乏对研究对象本体的逻辑分析和主线关怀，如在研究校本课程开发的定位中，只是确定了要开发出什么样的校本课程，但对如何进行校本课程开发的研究进程缺乏设计；在实际推进过程中，往往只在意各种任务型事件的完成，而缺乏对研究对象问题解决程度的关注和监控，在许多项目研究结题汇报中，许多教师都会提到针对这个项目开展了多少次公开课，做了多少次讲座，编写或汇编了什么样的论文集或案例集，但是对研究对象的本体问题解决到何种程度缺乏合理和明晰的解释。关注项目研究中的本体意识，要明确的是具体的研究对象是什么，所应遵循的思路应是解决问题的具体过程和解决问题到何种程度，而非罗列做了哪些事情；要做好研究假设，以研究假设为研究的逻辑起点；要强化对项目研究的核心概念和关联概念的剖析、界定；要加强问题解决的逻辑性过程设计，以过程设计来导向本体研究的推进；在成果表达上要回归对研究问题本体的回答，至于开展的项目研究到底多大程度上推进了学生成绩、表现的提升，或促进了多少教师的专业发展，甚至说推进了教育教学质量的提升和素质教育的落实，都是属于研究成果层面上对本体的偏离。

三、文献意识

文献是"记录有知识的一切载体"。教育学科文献的发展情况是反映教育学科发展的重要标志。有调查研究表明，一个科研人员花费在文献研究的时间占全部科研时间的三分之一乃至二分之一。由此，可见基于已有文献研究开展项目研究的重要性。项目研究中的文献意识是指自觉运用文献资料开展项目研究的知觉和能力水平。从当前中小学教师的项目研究来看，许多教师完全没有文献意识，甚至在项目研究的设计、论证、实施和成果梳理等阶段，都完全不适用文献。其主要表现为：没有文献的概念；不会使用当前教育教学研究中使用频度比较高的中国知网、维普等文献数据库；使用文献的水平大多停留在百度检索和研究者当前所阅读的书籍上；缺乏文献研究的意识与能力，在项目研究中几乎不会有文献研究综述的表现，突出反映了研究者在项目研究中文献检索、文献梳理、分析和整合运用上的不足；缺乏基于文献分析的研究设计能力。在文献意识缺失背景下，造成当前许多中小学教师项目研究的低水平重复和缺乏科学性等问题。项目研究中的文献意识，应做到：知觉教育教学文献资料对项目研究的重要性；会使用各种工具来进行文献检索和搜集；能够进行基于文献分析的选题和研究设计；能够做相关研究主题的文献综述；能够正确并规范的使用文献资料。

四、方法意识

方法所反映的是基于完成一定的目的，对某事或物所施加的具有特点的逻辑关系的行为程序的集合体。方法论是以方法为基本研究对象，是回答"怎么办"的问题，是普遍适用并具有抽象意义上的范畴、原则、方法和手段的总和。项目研究中的方法意识是指中小学教师能够自觉基于研究对象的特点采用科学的教育研究方法，按照研究方法的规则开展科学性的研究。从现实的实践情境来看，中小学教师教育研究方法意识的缺失体现为：对教育研究的基本方法构成缺乏认知；研究方法设计中存在混编乱造，生硬造出许多不是教育研究方法的所谓"方法"；方法罗列一大堆，却没有明确具体的使用方法和意图；在实际研究中呈现为研究方法的迷失，或者说是没有按照科学的研究方法开展研究；呈现为经验梳理式的偶然性研究，致使研究结论经不起推敲。

因此，加强项目研究中的方法意识，应能够明确教育研究中的基本研究方法，教育研究的基本方法主要有历史研究法、调查研究法、比较研究法、实验研究法、理论研究法，其中经常使用的文献研究法涵盖在历史研究法中，而基于中小学教师开展项目研究的特殊性，通常运用较多的还有行动研究法。其次，应能熟知各种研究方法的具体操作方式，根据研究设计中既定的研究方法，严格地科学地开展研究。其三，能够从研究的自主知觉层面上不断审视和监控项目研究中的方法来推进问题。其四，能够运用合理的方法对教育研究结果进行分析与评价，其中常见的定性研究和定量研究是指向对教育研究数学资料的分析，而非一种基本研究方法。

五、成果意识

教育研究成果是对教育研究目的或教育研究问题的回答，回答的是研究目的达成度和教育研究问题的解决程度及具体的研究结论的表述。中小学教师项目研究中的成果意识所要回答的是应如何呈现项目研究结果的认知水平和表现水平。在笔者参与的许多中小学教师项目结题评审过程中，发现成果意识的缺失主要表现为：许多项目的结题材料是许多图文并茂的过程性材料，而且是原始材料，缺乏对材料进行分析、梳理和诠释的过程；结题材料是各种教学设计或教学叙事的汇编，成果缺乏指向性；结题报告像是工作报告，重点阐述了开展项目研究的工作过程，而缺乏对研究问题的正面回答；研究成果的撰写随意，缺乏基本的表达逻辑。针对存在的种种问题，需要重新审视当前成果表达问题。首先，应认识到项目研究成果的表现形式是多样化的，其主要的形式有教育调查报告、教育实验研究报告、学术论文、行动研究报告和项目研究结题报告等形式，而且各种不同的表现形式在文本结构上都有其需要特别遵循的逻辑。其次，应加强对项目研究各种资料的分析整理，各种过程性材料、教学设计、教育叙事或教育教学案例只是研究过程中获取的资料，研究成果表达需要建立在对这些资料的整理、分析和解释的基础上，要完成的是回答研究假设或研究题的内容表述，从而得出切实可行的研究结论。单从这一点来审视，可以说当前许多教师项目研究大多是未完成的状态，所谓的成果也是经不起推敲或逻辑分析的。

六、规范意识

正如前文部分阐述表明，中小学教师项目研究虽然不是严格意义上的学术研究，但是其作为教育科学研究的重要组成部分，甚至在教育实践中，中小学教师的项目研究对实践性教育教学所起到的作用还更大。由此，开展科学的项目研究，而非经验式的总结梳理或基于教师个人体验或思考的教育判断或猜想，也就是应然之举。开展科学的项目研究的本质要求是按照规范的项目研究程序开展项目研究。项目研究中的规范意识是指中小学教师基于科学方法和科学的研究程序进行研究设计、研究推进和成果表达与评价的认知和自我知觉。中小学教师项目研究中规范意识的缺失主要有：选题实践过程的随意性，研究设计中问题意识或研究假设等的要素缺失，缺乏研究设计的可行性论证，研究程序的经验式或研究的过程性缺失和成果表达的规范性缺失等方面。通过提升中小学教师项目研究的规范水平来提升项目研究的品质应关注以下四个方面：其一，关注项目研究过程中程序的规范，按照项目研究的逐次推进过程的逻辑来演进研究；其二，关注教育研究方法使用的规范，如运用调查研究法，需要明确是运用问卷调查法，还是访谈法，或是测验法或观察法等，运用问卷调查法还需关注问卷设计的针对性及信度、效度；其三，注重项目研究节点的本体一致性，在研究设计中提出了什么问题或假设，那么过程就应是运用方法进行验证或解决，结论就是对问题进行解答或对假设进行回应和诠释；其四，关注研究成果表达的规范性，不同的成果表现形式有不同的构成，如学术性论文需要包括标题、摘要、关键词、序言、正文、结论或讨论和引文注释与参考文献等部分。成果表达的规范性还应关注学术性语言表达的规范性问题。学术性论文不是教学设计、案例汇编，也不是教

育故事或叙事，而是基于某个问题所展开的论证过程。

我们应该看到推进中小学教师开展项目研究对促进教师专业发展和促进中小学教育发展具有重要的价值，也应该认识到当前中小学教师的项目研究已取得许多可喜的成果。但同时也应警惕在全教师开展项目研究过程中存在的种种现实问题，通过对中小学教师项目研究过程中的几个重要节点的省思，尝试从作为研究主体的教师层面上发现症结并提出可供参考的破解路径。当然，中小学教师项目研究中存在的问题是一个系统的多因素问题，还需要从多维度、多层面进行系统的研究。

第四节　微观分析项目研究成效的提升

前文对课题研究或项目研究成效提升的分析主要是在普遍意义上的探讨，是对当前基础教育研究实践的整体现象层面的一种切片反思。在工作室建设过程中，项目研究的推进是工作室建设的核心载体，项目研究的成效如何直接影响工作室的建设成效。为此，针对当前普遍存在的问题及基本策略认识，在推进工作室建设中主要采用以下实践策略。

一、聚焦文献

上文中已有谈到文献意识的缺失是普遍性问题，能否聚焦文献、占有足够文献并利用文献是项目研究成效提升的核心举措之一。当前，中小学教师进行的项目研究或课题研究已经在一定程度上关注了文献。但对文献的关注仍存在不足，其一是罗列文献，并没有有效地使用文献，对文献缺乏分析，即为了文献而文献。其二是少数文献，对某一领域的文献查找没有实现全、广、深，只是查找了少部分文献资料，在文献综述的过程中以偏概全。其三是无用文献，文献的价值在于应用，而不在于有，一些研究者对文献的使用仅仅停留在项目设计或项目论证之初，而没有在研究的全过程视域来运用文献。其四，在文献收集和文献甄别方面有所欠缺，主要有：在文献收集的方法上较为单一，较多的是使用 cnki 数据库，而较少能够运用多种文献检索方法进行文献收集；在文献收集的种类和数量质量上存在不足，或是只注重硕博论文的收集，或是只注重期刊论文的收集，或是兼顾，而在外文文献和非论文类的文献收集上较为薄弱；在文献甄别上缺乏关注和水平有限，更有甚者在看到相关研究文献一时兴奋，就立刻下载下来学习分析，而没有对文献进行分析，了解文献的质量、侧重点及对自己课题研究的借鉴价值，从而导致文献下了很多，但是有用的不多；文献数量庞大，但是效用性不高。我们应意识到，当前是一个数据和信息膨胀、知识爆炸的社会，大量的无用或无效性文献的存在也都是事实。因此，在文献甄别上，应从以下几个方面来对文献进行甄别：①文献的作者；②文献的来源，是否来自中文核心期刊或 CSSCI 期刊，通常中文核心期刊或 CSSCI 期刊的论文质量相对较高的；③看文章的摘要，在文献数据出来之后，务必点击进去看文献的相关描述信息，尤其是摘要，其能够较好地反映文献所研究的内容；④关于硕博论文，要看指导老师、看培养学校、看摘要、看规范、看研究生培养方式等方面；⑤看下载频率和引用频率，特别是文献的引用频率较能反映一篇文献的影响因子和文献的质量水平；⑥文献甄别还有很重要一点就是对所下载的文献进行多文献比较，不要偏信其一，只有多了解一些不同文献的研究情况，才能较好地分析掌握文献的质量。其五，文献综述能力较薄弱。多数研究者意识到了文献对课题研究的重要性，也有意识去收集各种文献资料，分析整理，以为自己的研究奠定基础。然而，在具体的开题报告写作上，却没有呈现出来，往往只是做很简单的陈述。文献综述，顾名思义，就是要对所研究内容的相关研究进行综合评述，其包括以下几个方面：①要说明所收集文献的来源、文献收集情况、文献分类等方面；②对相关研究文献进行分领域或方向进行综述，呈现相关研究领域的某个方向的研究情况、代表性人物及主要观点是什么。③对整个相关研究进行综合评论，分析该研究对象在目前研究的优势与不足，从而确定出本研究的研究切入点。其六，缺乏文献的标注意识。在文献研究中，文献综述尤为重要，其必然会引用众多已有研究的成果，如若在文献综述中缺乏标准文献出处或引用，这研究将不再是科学和规范的研究。标注引文出处既是为自己的研究提供权威的论证，也是尊重他人学术研究成果的表现。因此，应规范地标注出文献引自何处、文献来源等。

针对这些现象，在推进工作室建设过程中，作为管理者高度应充分关注工作室项目研究中的文献调查及文献综述。其一，要求有较为完整的相关研究文献综述，不仅要尽可能多占有文献，还要对文献进行梳理归纳；其二，要求在对文献梳理的基础上进行文献分析和评述，以促使文献在项目研究设计及论证之初就起到作用，以促进研究；其三，关注在过程中运用文献，文献的使用不仅是在起点，而应该是在研究的全过程，是将项目研究置身于与时俱进的可能，是在隔空对话中深化自己的研究；其四，关注成果形成中的文献运用，文献研究不仅是一个研究的基础、研究的过程和研究的运用，文献综述本身也是研究成果之一，所以需推进文献综述成为整体成果梳理中的组成部分。聚焦文献，促使工作室项目研究扎根。文献研究是科学研究的基础，特别是在目前的学术研究或课题研究中，文献研究具有重要意义。虽然说做好文献研究不一定就能做好项目研究，但做好文献研究将明显有助于提升项目研究的有效性。

二、严抓开题

在一般的中小学课题研究或项目研究当中，最为教师们看重的是申报环节，其关注点往往是否能够获得各个级别的立项，当完成立项后其他也就随意了。所以造成开始的时候轰轰烈烈，雄心万丈，但是具体的研究过程却不理想。这也是造成项目研究成效无法提升的关键所在，其实质是缺失了顶层设计。为此，在推进工作室建设过程中，工作室获得立项只是基础，仅仅是团队组建和对名师个人的认可，并不是项目研究的开始。这个过程中必须意识到的是，项目申报书与开题报告是两个不同的事物，项目申报书更多涉及的是研究的设想及可能的研究方向；而开题报告是对所要研究的内容进行全面的顶层设计并对可行性、可能性、操作性及具体的计划过程进行论证，其核心是操作的具体过程，是对工作室项目选择与团队建设的结合点。项目运作开始之初，进行顶层设计具有重要意义，既能够凝聚工作室建设愿景，也能够明确发展方向，是对过程的精心设计，也是遭遇突变来调整方向的基础。事物转换发展的过程中，很难实现从糊涂到糊涂的过程。虽然事物的发展即使是按照人类精心设计的路线前进，但是在实现预定的目标过程中，也会伴生出现一些意外。但这并不能否认顶层设计的价值。为此，应进行：其一，组织多方位的开题报告撰写培训，让各工作室明确什么是开题报告，应如何撰写开题报告。其二，严抓开题报告文本规范，规范是基础，只有在一开始就定好规范，才能为后来的推进提供良好的基础。当然规范不只是文本格式的规范，还在于内容的规范、结构的规范、表述的规范和学术的规范。其三，严抓开题论证会，聘请多层级、多类型专家对工作室的开题报告进行捉虫除草，只有通过专家论证，并完善了专家改进意见的工作室计划方能进行下一阶段具体活动的开展。万事开头难，起点的要求越高，做得越规范，方能在后期推进中形成敬畏感，方能为后来的推进奠定良好的基础。

三、锤炼框架

框架是研究内容的细化，是研究规划的表达，是项目研究顶层设计的体现。好的框架对项目研究推进具有重要价值，甚至可以说好的框架是项目成功的一半，是成果形成的基础。框架的架构是系统思维、复杂思维、分类思维、演绎思维及创造性思维的综合表达，体现的是一个团队进行项目研究的综合素养。

在以往的项目研究或课题研究中，多数人不重视对研究内容的细化进而形成框架，更多的还是停留在事情的层面上，而非研究的层面。为此，在推进工作室建设之初，就应注重各工作室的项目研究设计及论证等环节要不断形成研究框架。还应当意识到的是，研究框架不是一蹴而就的，而是不断调整，不断完善的，是在过程中发展的，在过程中完善的。为此，做了如下推动：其一，开题报告中明确要求预设成果框架，在开题报告文本中单列一个模块要求预设工作室的项目研究成果框架；其二，过程指导，凸显成果框架范例，在具体的管理过程中，选取比较成熟的工作室成果框架，进行合作锤炼，并作为范式发布给所有工作室；其三，中期考核时明确要求提交成果框架，将成果框架作为中期考核的组成部分；其四，后期管理进程中，不断通过辐射的方式促进更多的工作室形成较好的成果框架；其五，引导工作室根据成果框架来梳理工作室项目研究成果。

在不断的自我省思、团队研讨、交流对话、互动生成的过程中，将不断地通过群体的内生力来促使工作室形成较为完善的成果框架。形成成果框架的过程，就是渗透成果形式的过程，以书的方式来设计，就会形成书稿，以汇编的方式来设计，就会形成文集。观念的改变不是朝夕可成，而是需要在具体的过程中逐步渗透。

四、突破过程

在已有的许多课题研究或项目研究中，往往存在开始轰轰烈烈，结题草草应付的现象。在前文中也谈到了，当前教师开展研究最为困惑的还是研究方法的问题，也就是研究方法意识的缺失及具体研究方法运用能力的不足。当下许多名师工作室或名师工作坊等也都存在开始轰轰烈烈，后期销声匿迹的现象。笔者将这种现象称为中小学教师项目研究的"过程陷阱"。

如何破解"过程陷阱"成为推动工作室有效运作及能否取得成效的关键所在。笔者认为主要有四种方法可以破解：

第一种：工作室建设要以项目为载体，有项目才有抓手，有抓手才能有共同愿景，有共同愿景才能进行持续性的活动开展。我们的工作室建设正是在开始之初就将项目研究的立项作为核心要求之一，所以才能够形成有力的支持。

第二种：工作室建设进程需强化过程管理，通过过程管理来不断激励工作室的发展，不断深化工作室的建设，所以我们进行了定期及不定期的工作室整体性活动，既是管理过程，也是通过不同工作室的交互影响来形成良性激励的。

第三种：工作室建设要有阶梯式的任务来驱动，通过设置不同阶段、不同节点要完成的具体任务作为工作室的具体任务指标，可以不断形成新的挑战，从而真正实现项目的意图。

第四种：工作室项目研究中应强化研究方法的运用。研究方法的运用可以让研究更扎实、更深入，避免简单的教研及事务主义。同时，不同的研究方法都有不同的运用程序，依据研究方法的内在逻辑，才能够形成问题解决进程的议程设置。往往一个项目的研究是多种研究方法的综合运用，从而形成网络化的、层次性的活动进程，进而极大促进项目研究的有效性。为此，在工作室建设管理过程中，需要不断强化对研究方法的重视。

唯有突破过程虚化的现象，走出"过程"陷阱，领略发展过程中的美好风景，方能扎实、扎根，也才有顺其自然的深耕实践的成果。

五、成果梳理

通常对课题研究或项目研究的成果梳理都存在一个认识误区，即认为成果梳理是在研究结束后的事情。实质上，成果的梳理是伴随整个具体的研究过程，研究的起点也是成果梳理的起点。这也是前文中强调的框架及成果意识的目的所在。在后面的章节中还会专门谈到工作室研究成果提升的问题，但笔者在这里想探讨的是如何在研究及实践过程中渗透成果意识并进行过程

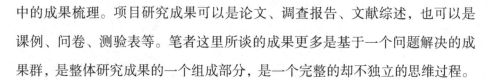

中的成果梳理。项目研究成果可以是论文、调查报告、文献综述，也可以是课例、问卷、测验表等。笔者这里所谈的成果更多是基于一个问题解决的成果群，是整体研究成果的一个组成部分，是一个完整的却不独立的思维过程。

为此，笔者提出在具体的项目研究过程中，应有以下举措来促进成果梳理，也可以通过这些方式来促进项目研究整体成果的形成及整体项目研究成效的提升。

（1）研究设计的结构化。以结构的方式来认识项目研究，对项目研究进行结构化的设计，从而形成清晰的认识。这其中包括对整体的结构化设计、研究内容的结构化设计、研究步骤的结构化设计等方面。

（2）研究内容的模块化。要擅长对研究内容进行分解，如果说结构化的过程是从历时态的方面进行，模块化就是从共时态的层面进行。模块化的意图就是形成并列的研究内容，将同属一个领域、一个方面的内容进行整体打包研究，也是对一个问题进行不同维度、不同视角的研究。

（3）研究进程的系列化。研究进程的系列化是基于研究内容模块化，核心是要将一个模块、一个点的研究迁移到其他模块的研究，从而提升研究的针对性。

（4）研究成果的系统化。研究成果的系统化是基于内容的模块化和进程的系列化，在二者的基础上形成一个完整的研究成果，这样的成果是组合的，但更是系统的，是对一个整体问题的解答过程，但这样的问题解决是基于各个不同的小问题的解决来实现的。

（5）研究梳理的过程化。我们应当转变意识，清醒地认识到研究成果的梳理不是最后来完成，而是在过程中逐步完成。也就是在项目研究的过程中逐步梳理成果，而最终的成果表达就是过程成果梳理的汇总。这样的过程化是基于整体化的、系统化的、结构化的、模块化的、系列化的成果汇总，而不是汇编式的，是依赖于顶层设计的，也是在过程中不断锤炼的框架而形成的。

第七章 名师工作室建设成果提升策略

区域工作室建设是以项目研究为载体，那么到任期结束，也是项目研究的结束。在评价工作室建设成效上，也必然涵盖了工作室的工作成效及项目研究的成效。从某种程度来说，项目研究成果的质量往往极大程度反映了工作室的发展质量。然而，当前一线教师在成果梳理上不容乐观。本章由此出发，分析了当前教师科研成果提升的困境，提出了宏观层面的解决策略，并结合具体案例探讨了工作室项目研究成果提升的实践策略。

第一节 科研成果提升的困境

随着对"科研兴校""科研兴教"认识的逐步加深，中小学教师的课题研究和教育科研写作呈现一片欣欣向荣的景象。有人说过，高校的教育研究专家只能称为教育理论家，而真正的教育家是来自一线具有丰富教育教学实践经验和较高理论水平的教师。在期待教育家的产生中，教育科研成果写作能够促使将实践经验转为科学理论进而指导更多的实践者来促进教育的发展。一直以来，一线教师的教育科学研究都是推动教育科研发展的中坚力量，教师群体在工作中开展研究，撰写科研成果，对于推动教育发展和提升教育教学质量具有重要的意义。而随着课题研究和公开发表成果在教师职称评定与奖励的比重增加，中小学教师科研写作更是如井喷般涌现。在一片繁荣的成果发表大潮中，我们不得不警惕，不得不反省这种背靠着规范知识、学术性知识背后的陷阱。对这种知识的反省助力于发现热闹背后所存在的问题，进而在深入解剖其原因中提出相应的解决对策，以期对中小学教师科研写作和规范科研写作与发表乱象有所启发。

一、当前科研成果提升的困境

繁荣的教师科研写作和发表的背后，显现的是无数的科研虚无主义和极端功利主义的思想泛滥。反思当前的教师遭遇，关注教师的心理承受和思维演化路径，促进教师减负，为教师的心灵自由和专业自觉与教育觉悟的培育等显得尤为必要。特别是从当前教师科研写作的现实问题出发。

（一）教师科研写作目的趋向功利

写作是一个个性化的表述过程，是情志行合一的呈现与输出。"写作是个体经验表达的一种方式，也是一个人渴望同社会沟通的精神诉求。"中小学教育进行科研论文立足于课堂、立足于教育教学实践，也强调了写作的心理需要，反映了进行实践进行探索的结论输出。然而，当前部分中小学教师进行教科研写作，虽然挂名了"科研"，并不是出来这种实践探索的表达需要，而是基于学校考核需要，基于职称评审需要等。因此，在选题方面呈现出功利主义的倾向，并没有意识到去发现教育教学中的问题，并进行探索性改变，形成经验提升总结或进行教学反思，缺乏科研探索意识。由此造成选题或命题的迷茫。出现选题的无问题性、无针对性、空而大、无创新性、缺乏聚焦等方面的特征，往往以纯粹的教学经验的总结或简单的感悟或报告式来呈现。选题或命题的好坏、高低、定位、关注点等直接决定了一篇文章的意义或价值。

（二）教师科研写作过程中学术缺失

中小学教师在教育科研写作过程中的问题主要是学术性缺失，呈现为以下几个方面：其一，规范学术用语的缺失。科研写作目的在于表述一个研究过程及其所得出的结论，科学逻辑陈述本就有一个系统的话语表征体系。因此，科研论文写作需强调正确使用学术术语，否则就会造成概念的模糊和范围的不清晰。其二，严谨学术写作规范的缺失。致力于教育科研的发展就必须推动基本的学术规范形成，然而当前本身的论文学术规范已经较为混乱，而中小学教师因为缺乏相关规范的培训，更是在规范上有所缺失，从而影响了论文整体质量。其三，思维模式的差异。往往中小学教师将科研写作归结为教育教学经验的总结提炼，是属于经验归纳的思维模式，区别于当前高校专职研究人员的推理演绎为主的多元方法综合运用的思维逻辑过程。走向科学有效的教科研和高水平的科研写作应特别注意写作和研究的思维模式的养成。其四，文献研究能力较为薄弱。文献研究在科学研究中影响甚大，良好的文献研究能够避免重复同质性的研究，提高研究的有效性，增加研究的科学性。然而，中小学教师因为各方面的原因，在文献研究上比较薄弱，写作中也往往缺乏相关文献证据的支撑。

二、成果提升困境的原因分析

"教育科研是教育事业发展的'第一生产力'""教学即研究""科研兴校""科研兴教"这样的话语已经成为中小学校办学的主流话语，但是是否成为主流实践理念还有待商榷。苏联著名教育家加里宁说："教师在任何时候都不能忘记自己不单单是一个传授知识的教师，而应该是一个研究者、一个教育家。"但我们不能不看到的现实是"中小学教师不同程度地存在着教育科研动力不足的问题"。这样的矛盾现实反映出中小学教师科研综合现实问题：走向何方？其理论依据是什么？其现实的价值取向是什么？在"被"科研、"被"成果下，如何进行制度激励和行为保障呢？

（一）学术研究功利化思潮的影响

中小学教师教科研繁荣的背后是现代功利主义和恶性追求发展的科研泡沫。在职称评定和各种考核中要求论文发表情况下，个别教师为了获得稀有的名额而想尽办法追求发表 CN 论文，而实质上的研究意味并不多。功利化思潮的影响是导致当前学术泡沫的主要原因。

（二）基层教师知识能力结构的缺失

学术研究和学术性论文的写作一直以来都被认为是高校专家学者的领地，中小学教师被要求更专注于实践。科研论文写作及课题研究大面积走入中小学教师并被作为评价指标要求的时间也不长，通常被认为是教师应该开展教育"行动研究"，以促进教师的教育教学有效性的提高。"21 世纪的新型教师不再是教书匠，而应当是教育教学的研究者。"因此，在师范生培养上，往往侧重师范生的教育教学基本理念和学科专业教育，较为忽视教育科研和论文写作方面的教育，致使所培养学生从普遍意义来看，开展学术研究及进行科研论文写作能力并不强。虽然这些年在提出科研兴教，关注基层教师实践的成果，开展了许多相关培训，但是从总体层面上还有待提高，对师范生知识能力结构的认知与培养上也应涵盖教科研及论文写作方面的教育培养。

（三）基础教育相关培训实效性不高

教师展开科研写作所存在的技术性问题，不是缺乏相应的培训课程和实践，而是在当前繁目众多、机械化灌输式培训方式下整体有效性不高。很多教师在听了关于教育科研或科研论文写作的讲座后，往往是局限于理论的认知或者是对纯理论知识的学习缺乏兴趣，往往导致在听了一系列的讲座后依然不知道如何操作。在当前"市场化"的培训机制之下，培训课程的设置、培训方式的选择、培训有效性的评估等方面无法对一线教师产生直接的有效的指导。

（四）科研写作实践取向的认知误区

古有知行之辩，而今有理论与实践之辩。教师在教科研论文写作中出现的种种问题正是源于这种理论与实践的不断辩证中的认知魅惑。通常认为高校专家学者研究的是高精深的教育理论，被封为"教育理论家"；而基层教师被认为是基于理论下的实践者，多数被封为匠气十足的行动者，而只有少数能被封为"教育家"。所以就有了理论指导实践，专家指导教师的上下位概念的常识性认知。我们无须论及这种常识的真理性程度，但是我们应该明确的是理论和实践有必然的分野吗？陶行知先生强调知行合一，其实在基层教师的教育科研与论文写作上也不应说常识性分为实践性论文和专家教授的理论性论文，长期的一种非制度非理性认知致使观念和行动上的偏差，导致教师科研论文写作较少难以深入研究或揭示更深层次的教育规律问题。应当破除这种魅惑，走向实践性理论升华提炼和理论实践性操作技术。

（五）教师评价制度变革导向的深刻影响

按照"存在即合理"的说法，事实上当前所指定的一切规章制度和评审制度都有其基本价值取向。然而，我们应该关注的是这种合理性制度设计下的漏洞和可能导向的不好的社会性行为反应。当大多数中小学教师并不完全具备教育科研论文能力写作之时，在择优选择模式或逆向淘汰的社会基本行为法则下，通过制度规章来激励和引导中小学教师"被论文"是一种良好的制度愿望，其所引发的是不合理的非理性下的理智或被称为一种"聪明"的选择，那么这种情况就可以称为是制度设计的合理性漏洞。当前中小学教师科研论文写作中的种种功利化或机会主义指导下的行为盲目有其深刻的制度设计的不足。

第二节　宏观策略梳理建设成果

中小学教师进行教育科研不仅仅是教师专业发展的需要，也是促进教育教学发展，提升教育有效性，实现教育的内涵性发展的内在需求。正是基于此，教育行政部门和教育专家都在极力推动与引导教师进行有效的教育科研，中小学教师科研论文的写作是教育科研探索或提炼研究与实践成果的重要环节。针对当前中小学教师科研论文写作中的困境，在从多方面进行了归因分析后，研究认为应从以下几个方面改进。

一、组织加强对中小学教师科研写作的培训

教育科研写作有其固定的规范和要求，通常没有得到相应的学习培训，是较难以在模仿中逐步自我培养起来的。不管是基于当前功利主义的论文写作还是基于促进教师教育教学思考来看，组织加强对中小学教师论文写作的培训是十分必要的。其一，培训科研写作规范和技术。其二，培训科研写作必然与教育教学理念的更新相结合，培养教师在研究性学习中成长、思考、探索。其三，通过专家向教师传授写作的经验和其进行自主探索发展的相关能力要求。其四，要探索新的有效的培训模式，提高相关培训的有效性。相关教师进修或教师培训部门或机构开设个性化指导课程，让中小学教师根据自身的不足和基于自我教育教学反思基础上的积极进取来选择相关课程学习。

二、规范学术成果的评审制度

在无法完全破解制度问题之时，我们更应该进行的是调整不合理价值取向的制度漏洞，对制度设计的空间问题有相应的要求和规范，而不是为了某些漏洞留下可能性生存路径。当前，中小学教师课题热、写论文、发表论文热，不只是因为中小学教师都具有进行教育研究的觉悟，而更多地在于教育行政部门或权力部门的推动，更直接在于教师考核评价制度的导向性作用。由此，作为文化和心理双方互相猜忌和功利性的追求下，作为上层权力掌握者就不能仅仅是一个道德判断者和权力运用的利益裁决者，而应是走向公平取向的制度规范与统一性要求。

三、设立科研副校长制度，实现专家诊断式指导

写作是个体个性化的表述过程，即使科研论文应具备严谨性，有很多

的科学要求在其中，但也不能排斥这种个性化的过程，针对当前教师培训中的低效乃至于无效的现象，基层学校可以谋求与高校及区域教师进修学校合作，引进专家指导教师开展教育教学研究，也即设立科研副校长来指导教师进行研究，由专门的研究者担任。主要可以有以下两种方式：其一，重在指导。以科研副校长来全程帮助教师，定期对教师进行科研能力的培训、指导，在选题、规范化研究、论文写作技术技巧、论文发表、成果总结提炼升华和系统化的问题解决等方面进行全方位的指导。其二，重在合作。中小学教师申请开展研究谋求与作为科研副校长的高校专家进行合作研究，将自己的研究纳入高校专家的研究范畴中或是将专家作为研究顾问。这种专家诊断式指导方式，有助于高质量高水平的提升教师科研写作水平，并获得长足发展。

四、引导教师自我提升科研写作能力

当然，外力只在于提供可能性需要和规范性要求，是一种社会性关系下的必然伦理或规范性现实，而更重要的是教师自我内在渴望和表达需要。美国著名教育家鲍林说过，"如果一个人在进行教育的同时也进行研究，那么他的教学效果一定会得到进一步的提高，即使他的研究工作不像他希望的那样有成就，但他也可以继续有效地进行教学。"如果一个教师有这样的意识、认知和行动，那么就会事半功倍。另外，更重要的是需要引导教师善于去发现教育教学的问题，并提供参考的思考方向和路径，让教师找到自我探索的路径，让其发现其中的乐趣，而不只是一种制度需要和被要求，那么也必然会促使教师进行有效的研究。

五、对学术造假一票否决制

社会关系的复杂性和个体个性化发展水平具有差异性，同时也基于多元化发展的理念认知，我们不可能要求每个教师都成为研究者和学者，统一性的制度规范下我们也应给合理性的功利主义留下伸展的空间，功利主义取向的行为在某种程度上符合社会发展的规律和需要的。但是对于学术造假及抄袭等作弊行为应实行一票否决制，不为破坏社会既有的秩序或未来良性发展伦理秩序留下生存可能。破坏性开采和掠夺性意识显然比无效的庸俗行为更为可怕，可以允许平庸，但是不能允许投机取巧下的信任伦理破坏，否则将使本身有良性发展空间的制度走向千疮百孔。

在巨大的社会变革和发展的时代中，许多新生的事物在发展过程中必然存在种种问题，关于中小学教师开展全体层面上的科研还有很长的路要走，在探索制度变革和完善的过程中，应有意识地在实现可能性中增加点分量。

第三节　微观策略梳理建设成果

思明区名师（发展）工作室建设是以项目研究为载体进行的，工作室建设的意图不仅在于成人，还在于成事，在成人中成事，在成事中成人。为此，有效的项目研究成果能够进一步提升工作室的价值与功能。在通过对工作室项目研究成果提升的案例分析中，可以发现自主、框架、合作、指导是其核心奥秘。

一、自主是成果提升的指南针

每个老师心中都有一颗崇高与纯洁的灵魂。找到了一个人灵魂的触点，也就打开了成长的奥秘。当然，我们永远无法叫醒一个装睡的人。但一个装睡的人，内心一定是痛苦的，一定是孤独的。可怕的不是装睡，而是庸俗。而规避教师职业生涯的庸俗就是要不落俗套，实现教师专业生活的生命自觉，就是要在自主中发展，在创新中发展，进行创造性的劳动。正如叶澜先生说过："没有教师的创造性劳动，就不可能有新的教育世界，而教师只有进行创造性的劳动，才会体验到职业的内在尊严与欢乐，才能在发展学生精神力量的同时，焕发自身的生命活力。"

一直以来，中小学做项目研究或课题研究多数停留在事的层面上，缺乏对成果的转化提升，缺乏系统的梳理。而系统的梳理是极耗心思和精力的，对中小学老师是有极大的挑战的。这就需要教师有生命自觉的意识，有自主的能动性，方能在繁重的工作之余，投入大量的时间精力来完成。对于学术研究及成果转化提升，只有大量的时间投入，大量的执着认真地投入，方能对学术产生敬畏感。对学术敬畏感的缺失，是"学术无用论"产生的源头，是项目研究或课题研究不能为中小学老师所理解与认同的核心因素。要重建对基础教育项目研究的价值认同，就首先得培育对学术的敬畏感，就首先得加大对成果提升的投入。

自主是成果提升的指南针，其表现为：其一，自主的愿景，不是必需的规定动作，是否愿意投入，就要看行为主体对愿景的设定是什么，只有通过自主的愿景设定，才会有主动性行为的产生。其二，自主的实践，怎么投入精力，如何投入，能否长效投入，能否有坚定的成果形成信念，是在实践过程中的意志力问题，这种意志力品质是个人的自主觉醒。其三，自主的省思，想要达到什么样的成果水平，是想蒙混过关，还是追求学术的严谨性？这些需要行为主体进行自我省思，进行对成果的自我要求，如果没有这样的省察过程，输出的成果质量将相应受影响。越高品质的成果就需要越发自觉的追求，就越发需要投入大量的精力。

二、框架是成果提升的路线图

一本书的完成是一个系统的工程，是一个长期的工程，非一日之功。而工作室的项目研究是工作室全体人员多年共同完成的研究工作，如何整合多数人的思想认识，如何为每个人提供一个路线图，是项目研究成果能够转化为书的关键所在。中小学教师不是专业的研究者，也缺乏专业的学术训练，要完成一本书这样的系统工程是实为不易的。通过对工作室研究成果成书的经历，笔者发现最为重要和最为关键就是框架的形成，成果形成的框架就是工作室成书的路线图。

框架是成果蓝图。框架是工作室项目研究要推进到何种程度的核心表达，是对研究愿景的表达，明确了框架，就能够明确工作室的具体实践前景。能够为工作室的项目研究描绘一个美好的蓝图。

框架是认知地图。框架有助于明确整个项目研究的具体内容及主要进程，能够通过框架逐步进行结构化研究，从而提升研究的指向性。

框架是交流工具。框架能够凝聚工作室项目研究的意志，能够统一工作室所有成员的认识，也能够在分工研究的过程中形成统一的范式。整个工作室成员在研究推进的过程中，可以根据框架进行交流与对话，从而保障整个研究的成效。

要形成项目研究成果框架并不是一个简单的事情，是需要长期的持续探索，需要极大的智慧来形成。

其一，是归纳思维和演绎思维的综合运用，在具体的实践经验中归纳提炼经验，形成结构化的认识；在对研究主题进行分类演绎的过程中，形成预设的系列主题的认识。

其二，是具体研究过程中不断调整的过程思维，一个研究框架的形成不是一步到位的，也不是一蹴而就的，需要在研究探索的成果中，不断根据实际情况来调整整个框架，从而使之更有适应性。

其三，是基于系统思维的设计思维表达，系统化研究是工作室项目研究的核心意蕴，就需要有系统思维来对整个项目进行设计，而设计思维的意蕴是指向设计的美感、实用及可操作性。

框架的形成过程就是工作室项目研究的一个研究过程，框架的质量也往往决定了工作室成果的经验。在具体的工作室管理过程中，这种对成果框架的重视渗透在工作室的具体管理过程中，在不断引导的过程中逐步渗透，并

导向日常化的成果提升过程。

三、合作是成果提升的催化剂

信息时代的高速发展，越发快捷的信息交替，致使越来越少有根植几十年的探究了，一个成果可能今天是真理，明天可能就不合时宜了。如果我们执着于经典，会因为我们的不够完美，会因为我们的不够尽力，而错失了过程的价值、沿途的风景，过程的价值就无法显现。然而，独立的个体很难快速完成一个具体的研究成果，特别开展研究并不是中小学教师的主业，至少我们的教育中还没有完全形成"教学即研究"、"教师及研究者"的认识，还没有教育实践过程就是研究过程的意识，当前对研究的认识还仅仅是一种额外的负担或一种成长方式。个体研究成果形成的长期性和成果形成的时效性形成矛盾冲突，这就为合作开展研究和形成成果奠定了基础。

同时，工作室建设是基于教师共同体的认识，探讨的是一种教师成长的合作方式与合作文化。作为工作室载体的项目研究是整个工作室所有成员共同的研究实践。这就决定了工作室在成果提升中不是工作室领衔人或主持人的研究成果，也不仅是少数人的成果，而是整个工作室共同的成果，是集体的智慧表达。集体的智慧来自集体的实践，集体的表达，集体的协作，而不是谁为谁服务。要更好地形成工作室项目研究成果，就必须发挥这种一加一大于二的效应，通过集体的智慧来成就更高质量的成果。这表明了成果提升合作是工作室建设机制的必然逻辑。

这样的合作，应是：其一，成果设计的合作，领衔人或支持人虽然发挥着引领的作用，但并不是什么都擅长，需要团队协作来达成成果共识；其二，实践过程的合作，在具体的实践过程中需要团队协作来多方验证研究的有效性，而不是单打独斗，如果只是不同人的成果拼凑，也就是失去了团队的价值；其三，成果表达的合作，成果表达的是工作室项目研究的共识，应当意识到不是谁主笔就是谁的成果，也应当意识到不是个别人的任务，而是基于框架，共同写作、共同表达，共同表达的意蕴是在范式上来形成整体性的成果，而不是拼凑形成的。

大量的工作室研究成果正是反映了这种有效的合作，提升了工作室建设的成效，从而促进了更多人的发展。

四、指导是成果提升的金手指

古人说：“壁立千仞，无欲则刚；海纳百川，有容乃大。”在成果形成过程中，闭门造车是造不出好的成果的，不能广泛吸收多方资源是不能出精品的。为此，我们需要不断地学习，向专家学习、向同行学习、向先贤学习、向书本学习，在与他人对话互动的过程中，形成新的认识，破解思维、认识的错位。所以，人生唯有学习是不可辜负的。中小学教师不是专业的研究者，对学术研究缺乏足够的训练，缺乏足够的认识，也缺乏足够的经验，这就需要我们形成成果的过程中，需要多方请教，在他人的指导下形成高质量的成果。通过工作室的成果形成案例分析中，可以发现他人指导在工作室成果形成中具有重要的作用，是成果提升的金手指。

不管是同行、专家，还是身边的伙伴，不同的人都能成为成长的助力。这样的指导表现为以下几个方面：

其一，框架指导。成果框架是成果质量高低的重要指标，而在这方面中小学教师普遍比较薄弱，缺乏这样的系统性、整体性思维，为此，需要专家们在这方便进行指导，促使工作室项目研究形成一个较好的框架，为开展项目研究确立路线图。

其二，学术指导。学术指导是指对成果学术规范、学术逻辑等的指导。中小学教师毕竟缺乏较为专业的学术训练，所以在开展学术研究的过程中，对一些学术规范认识较不到位，从而影响了成果质量。这就需要引进专业的学术研究指导资源为工作室项目研究的成果保驾护航。

其三，专业指导。工作室开展的项目研究是依托于某一学科或某一领域，虽然也都是工作室所有成员共同擅长的，但是并不代表在这个专业领域，各个工作室就是最强的。为此，为避免出现领域或学科的方向性偏离，就需要从专业理论和专业实践两个方面，多方引进专业专家资源进行探讨论证，从而提高研究成果的质量。

其四，读者指导。最后应该明确的是，写作最终是为了给人看。虽然学术性研究成果更多关注学术的创新性和深度，但这与可读性并没有矛盾和冲突。为此，在工作室成果梳理的过程中，要有读者意识，写作过程中要关注读者对象的特点及可能性水平。有读者、受读者欢迎的作品才是好作品。在项目研究成果梳理过程中，要有这种精益求精的读者意识，以广大的潜在读者为指导，在读者立场上来改进和提升研究成果的表达质量。

参考文献

［1］王爱珍 . 名师工作室对中小学骨干教师培训的效能研究——以数学骨干教师专业成长为例 [J]. 广东第二师范学院学报，2013(5)：95-98.

［2］张磊 . 关于名师工作室的现状分析和策略研究 [J]. 宁夏教育，2018，457（9）：12-16.

［3］李玉梅 . 广东省中小学教师工作室运行研究 [D]. 广州：广州大学，2013.

［4］陈雅玲 . 论合作学习与教师团队优化 [J]. 现代教育论丛，2011(3)：45-48.

［5］刘春文 . 基于名师工作室的教师个性化培养研究 [J]. 中小学教师培训，2017(1)：22-23.

［6］郑汉文，程可拉 . 论专业学习共同体 [J]. 教育评论，2008（5）：66.

［7］米广清 . 名师工作室效能优化 [J]. 中国教育学刊，2013（7）：81.

［8］Hall, Gene E, Hord S.Implementing Change: Patterns, Principles, and Potholes [M].Boston:Allyn & Bacon，2001.

［9］胡继飞 . 中小学名工作室建设的问题与建议 [J]. 基础教育，2012（4）：49.

［10］刘学伟 . 基于"名师工作室"的混合式培训模式研究 [J]. 教育导刊，2011（3）：61-63.

［11］戴觅觅 . 基于 Blending Learning 的教师共同体 [J]. 新课程，2011（5）：4-5.

［12］孙世杰 . 名师工作室生存状态分析及问题对策建议 [J]. 天津教育，2011(3)：39-40.

［13］殷赖宇．浅论名教师工作室对教师培训模式的创新 [J]. 江苏教育研究，2011(9)：30–32.

［14］陈燕，王磊，俞佩芳．上海市中学生命科学名师工作室活动介绍 [J]. 生物学教学，2010(12)：15–16.

［15］吴举宏．我是如何领衔名师工作室的 [J]. 中小学管理，2007(4)：22–23.

［16］薛小明，刘庆厚．教师共同体：教师专业发展的新视角 [J]. 职业教育研究，2008(2)：55–56.

［17］全力．名师工作室环境中的教师专业成长 [J]. 当代教育科学，2009(13)：31–34.

［18］范良火．教师教学知识发展研究 [M]. 上海：华东师范大学出版社，2003.

［19］严邝明．略谈职业教育名师工作室功能定位 [J]. 江苏教育（职业教育版）.2011(9)：27–29.

［20］杨建良．职业教育名师工作室建设自议 [J]. 教育与职业，2013(12)：180–181.

［21］鄂冠中．区域性名师工作室运行策略抵谈 [J]. 中小学教师培训，2012(6)：20–22.

［22］黄肃新，解云燕．论高职高专院校名师工作室的建设 [J]. 教师博览，2012(4)：4–5.

［23］卢建平．职教教师教育共同体：职教师资队伍建设的理念与实践 [J]. 职教论坛，2013(22)：66–67.

［24］戴维·约翰逊，罗杰·约翰逊．领导合作型学校 [M]. 唐宗清，译．上海：上海教育出版社，2003.

［25］佐藤学．课程与教师 [M]. 钟启泉，译．北京：教育科学出版社，2003.

［26］邱庭理．教会学生思维 [M]. 北京：教育科学出版社，2001.

［27］张华．论核心素养的内涵 [J]. 福建教育，2016(23)：6.

［28］钟启泉 . 教师研修的模式与体制 [J]. 全球教育展望，2001(7)：4-11.

［29］刘要悟，程天君 . 校本教师培训的合理性追究 [J]. 教育研究，2004（6）：77-83.

［30］何善平，王晓梅 . 主题性培训：对中小学校长培训的战略思考 [J]. 陕西教育学院学报，2007(1)：1-4.

［31］马尔科姆·S.诺尔斯，等 . 成人学习者 [M].7 版 . 龚自力，马克力，杨勤勇，译 . 北京：北京师范大学出版社，2016.

［32］沈祖芸，周慰，徐晶晶 . 名师再造—《上海教育》圆桌论坛首度开讲平等对话 "名师工作室的使命" [J]. 上海教育，2004（8）：10-20.

［33］钟启泉，崔允漷，张华 . 为了中华民族的复兴 为了每位孩子的发展——《基础教育课程改革纲要（试行）解读》[M]. 上海：华东师范大学出版社，2001.

［34］钟启泉，刘徽 . 我国教师形象重建的课题 [J]. 国家教育行政学院学报，2006(8)：40-47.

［35］张华 . 论教师发展的本质与价值取向 [J]. 教育发展研究，2014(22)：16-24.

［36］孙迎光 . 教育的理性权威与非理性权威 [J]. 江苏大学学报（高教研究版），2002(1)：3-5.

［37］钟启泉 . 课堂转型：静悄悄的革命 [J]. 上海教育科研，2009(3)：4-6.

［38］Schon D.The Reflective Practitioner:How professionals think in action[M]. Surry，England:Ashgate Publishing Limited，1983.

［39］佐藤学 . 学校的挑战：创建学习共同体 [M]. 钟启泉，译 . 上海：华东师范大学出版社，2010.